Karin Johne

Kreuz
als Erlösung

Karin Johne

Kreuz als Erlösung

EIN BRIEFKURS
DES GLAUBENS

Verlag Styria

Die Deutsche Bibliothek – CIP-Einheitsaufnahme

Johne, Karin:
Kreuz als Erlösung :
ein Briefkurs des Glaubens / Karin Johne. –
Graz ; Wien ; Köln : Verl. Styria, 1993
ISBN 3-222-12222-9

© 1993 Verlag Styria Graz Wien Köln
Alle Rechte vorbehalten
Printed in Austria
Umschlaggestaltung:
Zembsch'Werkstatt, München
Gesamtherstellung:
Druck- und Verlagshaus Styria, Graz
ISBN 3-222-12222-9

INHALT

VORWORT

Wieder möchte ich mit diesem Büchlein einen „Brief-kurs für geistliches Leben" vorlegen – wie er aus der Praxis entstanden ist. Da nicht jedermann die Zeit (und leider auch nicht das Geld) hat, an Exerzitien- oder Meditationskursen teilzunehmen, wird mir immer wahrscheinlicher, daß hier vielleicht ein nächster Schritt seelsorgerlicher Arbeit liegt, den wir tapfer anpacken sollten.

Erstmals wird, soviel ich sehe, in diesem Buch der Versuch unternommen, nicht nur einen Briefkurs selbst zu veröffentlichen, sondern darüber hinaus etwas von dem offenzulegen, wie zu solch einem Briefkurs eingeladen und motiviert worden ist – und was solch ein Briefkurs bei denen, die sich auf diesen Weg einlassen, bewirken kann.

Wer in der Exerzitienarbeit steht, fragt sich wahrschein-lich, wie ich selbst es auch über Jahre hin getan habe: Kön-nen denn „Exerzitien zu Hause", etwa in Form eines solchen Briefkurses, auch nur annähernd so fruchtbar sein wie Kurs-exerzitien, wo sich die Teilnehmer/innen ganz auf das spiri-tuelle Geschehen einstellen können? Hatte ich früher schon ein bewegtes „Ja" auf diese Frage gefunden, so hat dieser letzte Briefkurs, der in seiner ursprünglichen Fassung nur vier Wochen umfaßte, diese Frage noch einmal eindeutig bestätigt. Ganz offen muß ich bekennen, daß ich manchmal zutiefst bewegt war von dem, was mir da wöchentlich durch die Post zugeschickt wurde – und daß ich selbst wahrschein-lich den größten inneren Gewinn von diesen Wochen des gemeinsamen Weges hatte. Vieles von dem, was mir „mit-geteilt" (im tiefsten Sinne des Wortes) worden ist, konnte in diese neue Fassung eingearbeitet werden.

Der erste Teil des Buches enthält den Briefkurs selbst, die Materialien, welche die Teilnehmer/innen als Grundlage für ihren Weg in die Hand bekamen, in einer erweiterten Form. Und der zweite Teil möchte zeigen, wie intensiv die Teilnehmer/innen mitgegangen sind und sich auf diesen Weg eingelassen haben; es sollen einige ihrer wertvollen und wichtigen Erfahrungen auf diesem Weg zur Sprache kommen, und deshalb soll auch der Weg aufgezeigt werden, der zu solchen Erfahrungen geführt hat.

Die Teilnehmer/innen dieses Briefkurses hatten sich auf eine Pressenotiz hin freiwillig dazu angemeldet. So war es nicht ein ausgewählter Kreis besonders qualifizierter Personen – und doch hat ein jeder von ihnen eine Wegstrecke zurückgelegt, für die ich als Begleiter aus der Ferne unendlich dankbar sein darf. Und so möchte ich auch an dieser Stelle allen danken, die so engagiert mittaten, daß die Zeit des Miterleben-Dürfens der Wege des einzelnen für mich eine einzigartig reiche Zeit war.

Wer die Briefe liest, welche die Teilnehmer/innen als Begleitbriefe zu den Übungsangeboten bekamen, ist vielleicht im ersten Augenblick befremdet von den anscheinend strengen Regeln, die den Rahmen dieses geistlichen Weges abstecken. Nachdem ich mich aber nun schon seit einigen Jahren auf diese Form der Briefkursarbeit in besonderer Weise konzentriert habe, darf ich sagen, daß gerade strenge äußere Regeln entscheidend zum fruchtbaren Gelingen solch einer Wegstrecke beitragen, wenn sie von den Teilnehmer/innen akzeptiert werden. Wie bei Einzelexerzitien ist es auch hier der Zusammenklang von klar abgesteckter äußerer Form und ganz großer innerer Freiheit des einzelnen, wie er diese Form selbst füllt, der sich als besonders fruchtbar erwiesen hat.

Vor einigen Jahren wurde der erste „Briefkurs zur Einübung in geistliches Leben" veröffentlicht.[1] In letzter Zeit wagen sich immer mehr Ordensleute und andere Personen, die in der geistlichen Begleitung tätig sind, daran, Exerzitien in der Form eines Briefkurses, also in einer Weise des „Fernunterrichtes", anzubieten.[2] So wurden in den letzten Jahren einige Versuche gestartet. Deshalb hat dieses Buch auch diejenigen im Blick, die solch einen Versuch schon unternommen haben, aber auch solche, die vielleicht schon länger mit dem Gedanken spielen, vielleicht auch einmal solch einen Briefkurs anzubieten.

Mir hat das Echo auf diesen letzten Kurs Mut gegeben, in dieser Richtung in Zukunft weiterzuarbeiten. Und vielleicht kann es auch anderen Mut machen: Lassen Sie einzelne Worte auf sich wirken, mit denen die Teilnehmer/innen die eine oder andere Erfahrung ihrer Gebetszeit beschrieben haben – und erspüren Sie, welche Möglichkeiten sich auftun, wenn sich ein Mensch unter einer festen Ordnung dazu bereit findet, sich für ein paar Wochen täglich im Gebet der inneren Führung des Heiligen Geistes anzuvertrauen.

Dieser Briefkurs hat mir selbst wieder neu deutlich gemacht, wie stark das Verlangen und die Sehnsucht nach geistlichen Werten und inneren Erfahrungen auch im heutigen Menschen vorhanden sind, trotz vieler gegenteiliger Behauptungen. Und er hat mir gezeigt, was sich in wenigen Wochen tun kann, wenn sich jemand nur für eine kurze Zeit am Tage regelmäßig auf seinen inneren Weg einläßt. Ich würde mich freuen, wenn es manchem Mut machte, auch einmal selbst in dieser Richtung etwas zu versuchen.

Karin Johne

Teil 1:
Inhalt des Briefkurses

Einführung
in den Briefkurs

Das Anliegen

Der geistliche Hunger, der Wunsch danach, einmal zu sich selbst zu kommen und wieder Zeit für das innere Leben zu haben, erwacht bei immer mehr Menschen. Das neuerwachte Interesse an der Mystik, die spontan angewachsene New-age-Bewegung sprechen in ihrer eigenen Sprache davon. Wieviel Esoterik-Literatur wird gekauft, gelesen und als Lebensmodell ausprobiert! Gerade unter jungen Menschen ist ein tiefes Fragen aufgebrochen.

Was haben wir als Christen in dieser Situation einzubringen? Wenn wir uns auf unsere ureigenen christlichen Wurzeln besinnen, wird eines deutlich: Auch im Christentum existiert – um diese Vokabeln einmal zu gebrauchen – neben der „exoterischen" Botschaft, der Botschaft, die uns „von außen" trifft, die „esoterische" Linie – die Wirklichkeit, die innerlich in uns wächst.[3] Gerade von Christen, die es mit der Nachfolge Jesu Christi besonders ernst meinten, wurden diese beiden Linien früher nie als ein unüberbrückbarer Gegensatz empfunden, wie es heute so oft dargestellt wird.

Das ist nun auch unser Anliegen, wenn wir uns auf solch einen Übungsweg einlassen, wie ihn dieser Kurs anbietet: Die uns „von außen" begegnende und schon bekannte Botschaft des Evangeliums soll nicht nur unseren Kopf ansprechen, sondern sie soll uns in der Tiefe, „innen", d. h. „im Herzen" berühren und dort ihre Resonanz finden. Nur so kann geistliches Leben zu einer persönlichen Begegnung des Menschen mit Gott werden.

Der geistliche Weg

Spirituelles, geistliches Leben ist ein Weg mit einer ihm eigenen Dynamik. Jeder, der einigermaßen regelmäßig betet, am Gottesdienst teilnimmt und die Bibel nicht nur im Schrank stehen hat, hat teil an dieser Dynamik. Sie spielt sich im verborgenen ab und tritt nur manchmal ins Bewußtsein. Wer zu einem Exerzitienkurs fährt, hat die Absicht, in diesen Tagen einmal wieder zu sich zu kommen, sein Leben neu im Angesicht Gottes zu überdenken und auszurichten. So wurde es mir von jemandem gesagt, der Sehnsucht nach solchen Tagen hatte. Das bedeutet in unserem Zusammenhang: Während einer solchen Zeit kann die innere Dynamik des geistlichen Weges wieder neu ins Bewußtsein treten, die verblassenden Linien können nachgezogen werden.

Daß das nicht nur während eines geschlossenen Exerzitienkurses der Fall sein kann, sondern auch während solch einer Übungsstrecke zu Hause, das haben in letzter Zeit die verschiedenartigen Versuche mit solchen Briefkursen[4] deutlich gezeigt. Gerade mitten im Alltag mit seinen Freuden und Belastungen kann sich der rote Faden eines geistlichen Vorankommens zeigen, der dem Leben neue Triebkraft und neuen inneren Sinn gibt.

Die Motivation

Allerdings setzt die besondere Wegstrecke eines solchen Briefkurses bei dem einzelnen Teilnehmer eine gute **innere Motivation** voraus. Wie bei sonstigen Meditationskursen hängt auch bei solch einem Briefkurs alles davon ab, daß jeder Teilnehmer sich selbst auf diesen Weg des Meditierens einläßt – auf diesen wichtigen, manchmal schmerzhaften, meistens aber tief beglückenden Prozeß. Dazu gehört nicht nur die **regelmäßige, tägliche eigene Gebetszeit,** sondern ebenso wichtig ist der **Austausch untereinander,** sind die **Rückmeldungen,** die das Geschehene am Ende einer jeden Woche noch einmal reflektieren und damit vertiefen und „nachzeichnen", damit es das Leben wirklich von innen her prägen kann. Was ich niederschreibe oder vor einem

Menschen ausspreche, gewinnt eine neue Qualität der Wirklichkeit. (Erfahrung dazu siehe S. 134ff.)

Der gegenseitige Austausch

Im Teil 2 dieses Buches finden Sie eine Auswahl der Rückäußerungen, die ich von den Teilnehmer/innen des Briefkurses bekam – mit der Erlaubnis, sie zu verwenden. Nun sind diese Auswertungen keineswegs so zu verstehen, wie bei einer Illustrierten die Lösung des Kreuzworträtsels auf der letzten Seite steht. Nichts, was ein anderer beim Meditieren erkannt hat, kann das ersetzen, was Sie selbst finden. Aber alles, was aus echter Motivation erwachsen ist, kann auch einen anderen wieder in die Meditation hineinziehen – es kann die Quelle der eigenen Meditation öffnen. Nicht das, was der andere gefunden und entdeckt hat, sondern was aus **Ihnen** selbst aufsteigt, was **Ihnen** „einfällt", ist genau das, was Sie brauchen und was Ihnen den nächsten Schritt auf Ihrem Weg zeigen kann. Aber wenn Sie dann nach Ihrer eigenen Meditation etwas davon erfahren, was einem anderen zu dem gleichen Thema eingefallen ist, kann das Ihre eigenen Meditationen erweitern und aus der Enge der Subjektivität herausführen. Sie können dabei erleben, wie das gleiche Thema zu einer weiten Palette von Möglichkeiten der inhaltlichen Füllung führt. In solcher gegenseitigen „Mit-teilung" erleben wir vielleicht etwas von der Fülle des Leibes Christi, in dem jedes Glied seine ganz eigene Erkenntnis hat – um sie den anderen zu schenken.

Der Umgang mit Störungen

Was aber, wenn während der Gebetszeit **Störungen** kommen? Mein früherer Meditationslehrer sagte gern, daß es einen speziellen „Meditationsteufel" gibt, dem viel daran liegt, unsere Meditationszeit zu stören. Geben Sie ihm nicht die Macht über sich, indem Sie auf seine Tricks hereinfallen!

Gegenüber **äußeren Störungen** ist es am besten, wenn Sie sich eine feste, möglichst störungsfreie Zeit – entweder frühmorgens oder abends – wählen. Denn nicht jeder hat so viel Mut wie ein Teilnehmer eines früheren Kurses, der sein Vorhaben so klar allen gegenüber ausgesprochen hat, daß selbst der Briefträger sagte: „Den dürfen wir jetzt nicht stören, der meditiert gerade!" Wenn aber dennoch eine Störung kommt, dann ärgern Sie sich nicht darüber (bitte auch nicht darüber ärgern, daß Sie sich ärgern!), sondern nehmen Sie die Unterbrechung als eine Übung der inneren Gelassenheit in Kauf. Wichtig ist, daß Sie danach wieder einsteigen, wo Sie abgebrochen haben, selbst wenn sich eine außergewöhnliche Störung einmal über mehrere Tage hin erstrecken sollte.

Viel schwerer ist es, richtig mit den **inneren Störungen** umzugehen. Da fällt mir zum Beispiel immer gerade zu Beginn meines Morgengebetes ein, was ich eigentlich unbedingt vorher schnell noch erledigen und tun müßte! Für mich hat es sich immer als hilfreich erwiesen, meinen Kalender während des Betens neben mich zu legen und dort zu notieren, was alles getan sein möchte. Steht es dort, kann es warten, und ich kann mich getrost wieder dem Gebet widmen – und nach der Gebetszeit neu gestärkt an meine Aufgaben gehen.

Die Voraussetzungen und Vorbereitungen

So bitte ich Sie als erstes darum, sich einen festen „Raum" zu schaffen, der zu Ihrem Gebetsraum werden kann. Das braucht durchaus nicht ein eigenes Zimmer zu sein – schon der gleiche Stuhl, die gleiche Ecke im Zimmer nehmen etwas von dem Fluidum des Gebetes in sich auf und können dann wieder zum Beten helfen. Mein Lehrer Helmut Geiger sprach davon, daß solch ein Stuhl „einmeditiert" sein könne. Eine brennende Kerze und ein gutes Bild machen mir in meiner persönlichen Weise bewußt, daß ich mich jetzt in diesem „Raum" befinde, der Gott und mir allein gehört. Jeder kann da seine eigene Phantasie walten lassen, was sich für ihn besonders gut eignet.

So einen äußeren Raum des Betens zu schaffen ist besonders wichtig, wenn ich mich auf solch einen Weg im Rahmen eines Briefkurses einlasse. Er schenkt mir den Freiraum, der den inneren Prozeß ermöglicht, der durch das regelmäßige Beten in Gang kommen soll. Diese Voraussetzung ist die Grundlage für **jede** Thematik – sie bildet das Fundament, auf welches das Haus gebaut werden muß, damit es nicht – „auf Sand gebaut" – beim ersten Sturm einstürzt, wie es uns Jesus so anschaulich im Gleichnis vor Augen führt (Mt 7,24–27).

Der „liturgische Rahmen"

Wenn wir noch einen Schritt weiter von dem wichtigen „Außen" zu dem noch viel wichtigeren „Innen" gehen, dann empfiehlt es sich, die Gebetszeit in eine Art „liturgischen" Rahmen hineinzustellen, in eine feste Form, die den Raum des Betens umschließt.

Ehe ich mit dem Beten beginne, halte ich ein wenig inne und mache mir bewußt, wer ich bin und was ich jetzt tun will: Ich spüre in mich hinein, wie ich mich in diesem Augenblick fühle, was ich – aus der Nacht oder aus dem vergangenen Tag – gerade heute mit in mein Gebet einbringe. Ich versuche zu fühlen, wie ich heute und jetzt vor Gott da bin ...

Und dann mache ich mir in einem weiteren Schritt bewußt: Ich darf jetzt beten, ich darf in einen Raum eintreten, in dem mich der heilige Gott selbst in Liebe erwartet, um sich mir zu schenken. In einem kleinen Gebetbüchlein[5], durch das ich selbst zum „inneren Gebet" gefunden habe, wird folgende Möglichkeit vorgeschlagen:

„Du beginnst nicht sogleich mit dem Beten, sondern überlegst dir einmal, was du jetzt tun willst ... Mach dir das klar; zum Beispiel so:

... Gott ist in mir. In meiner Seele gibt es die Oberfläche und die Tiefe. Von außen geht es hinein, immer tiefer und innerlicher wird es, und im Innersten ist der wirkende, lebendige, heilige Gott. Dort, wo mein wahres Ich ist, dort lebt und leuchtet Er. Dort berührt er mich, wirkt, führt mich

und gibt meiner Seele das heilige Leben des Gebetes, auch jetzt, in diesem Augenblick ... "

Eine andere Möglichkeit, sich auf die Gebetszeit einzustellen, könnte etwa so aussehen[6]:

– *Es geht beim Beten nicht darum, über Gott nachzudenken, sondern die Liebe Gottes zu* **berühren.**

– *Es geht beim Beten nicht darum, Gott „außen" zu suchen, sondern* **„innen"** *in mir sein Spiegelbild zu berühren.*

– *Es geht beim Beten nicht darum, Gott in der Vergangenheit oder in der Zukunft anzusiedeln, sondern wahrzunehmen, daß mir Gott nie näher war oder sein wird, als er mir* **jetzt,** *in diesem Augenblick meines Betens, ist.*

Vielleicht wächst aus diesen Vor-Bereitungen in den ersten Tagen ein kleines, selbstgeformtes Gebet, welches meine Hauptanliegen zusammenfaßt. Mit diesem kann ich während des Übungskurses jede Gebetszeit beginnen. Ein selbstgeformtes Gebet ist besser als ein vorgegebenes, weil ich da meine ureigenen Wünsche und Sehnsüchte einbringen kann.

Der Abschluß der Gebetszeit

Auch der richtige **Abschluß einer Gebetszeit** ist wichtig: Es hat sich bewährt, noch einmal auf die Zeit zurückzuschauen und bewußt wahrzunehmen, wie es mir heute ergangen ist. *Nicht beurteilen, sondern einfach wahrnehmen:* So war es heute. Etwa: *„Das war gut"*, oder: *„Damit kam ich nicht zurecht".* Besonders wichtig sind auch die **Gefühle,** die während des Betens aufkommen und die ich mir noch einmal in Erinnerung rufe ...

Diese Rückbesinnung kann auf verschiedene Weise erfolgen: Mancher schreibt sich kurz auf, was ihm einfällt – ein anderer möchte lieber malen und es in Farbe zum Ausdruck bringen – wieder ein anderer macht vielleicht ein Tanz-Spiel daraus, wenn er allein zu Hause ist. Alles das kann helfen, daß uns die Botschaft durchdringt und von innen her zu prägen beginnt. Dazu suche sich jeder die Form, die ihm am

19

meisten hilft, sich das im Gebet Erfahrene ein Stück mehr „an-zu-eignen".

Die „Unterscheidung der Geister"

Gefühle, die sich während der Gebetszeit einstellen und die wir bewußt wahrnehmen, können uns wichtige Hinweise geben auf die positiven oder negativen Kräfte, denen wir beim Beten begegnen mögen. Die wichtige Kunst der „Unterscheidung der Geister", seit alters in der Christenheit geübt, orientiert sich entscheidend an plötzlich aufkommenden („einschießenden") oder auch länger anhaltenden Gefühlen und Gedanken. Es ist ja nicht einfach so, daß alle angenehmen Gefühle auf die Wirkung des „guten Geistes" – wie die Tradition sagt – hinweisen und alle schmerzhaften Gefühle auf die dunklen Gewalten, die uns „durcheinanderbringen" wollen.[7] Ignatius von Loyola stellt als einfache Regel auf: Bei allem, was uns zu mehr Glauben, zu mehr Hoffnung und zu mehr Liebe anregt, darf ich den „guten Geist" vermuten, bei allem, was diese Kräfte schwächt, muß ich sehr wachsam sein, wer oder was da die Hand mit im Spiele hat!

Es wird uns Menschen des 20. Jahrhunderts wohl immer deutlicher, daß es mehr Dinge zwischen Himmel und Erde gibt, als ein Computer erfassen kann. Ich bin überzeugt: Wir hätten wohl keines unserer fünf Kinder groß bekommen, wenn sie nicht ihren Schutzengel gehabt hätten! Das ist nicht nur eine scherzhafte Bemerkung, sondern meine feste Überzeugung. Wo aber Engel auf dem Plan sind, dort ist es auch der Widersacher Gottes.

Geistliche Begleitung

Gerade im Blick auf diese Fragen zur Unterscheidung der Geister kann geistliche Begleitung recht hilfreich sein. Im Aussprechen und im wachen Zuhören klärt sich manches, was vorher verworren war. Außerdem ist schon die frühe Kirche überzeugt, daß die dunklen Gewalten bereits dann einen großen Teil ihrer Macht einbüßen, wenn sie erleben, daß der Mensch ihre Taktiken nicht verbirgt, sondern offen darüber spricht.[8] Deshalb ist es wichtig, daß auch der Begleiter von solchen Gefühlen und Emotionen erfährt. Für Sie wäre es gut, wenn Sie für die Zeit dieses geistlichen Weges einen Menschen hätten, dem Sie sich anvertrauen und mit dem Sie sich geistlich austauschen könnten.[9]

DIE THEMATIK „KREUZ ALS ERLÖSUNG"

„Kreuz als Erlösung" heißt der Inhalt unseres Briefkurses. Mit diesem Thema berühren wir das Zentrum unseres christlichen Glaubens. Die Frage: Wie kann mich heute ein Geschehen erlösen, das sich in fernen Gegenden und in fernen Zeiten abgespielt hat?, beschäftigt wohl früher oder später die meisten von denen, die es mit ihrem christlichen Glauben ernst meinen. Manchmal geschieht es ja auch, daß tief in uns verborgene Fragen erst dann ans Licht kommen dürfen, wenn sich die Möglichkeit einer Antwort abzeichnet.

Persönlich vergesse ich den Augenblick wohl nie mehr, in dem mir erstmalig existentiell bewußt wurde: Das, was da vor 2000 Jahren auf Golgota und in Jerusalem geschehen ist, geht mich heute und hier unmittelbar an! Ich las vor vielen Jahren im Schott-Meßbuch das „Stillgebet" des 9. Sonntags nach Pfingsten (nach der früheren Liturgieordnung): „*Wir bitten dich, Herr, laß uns immer würdig an diesen Geheimnissen teilnehmen, da ja das Werk unserer Erlösung vollzogen wird, sooft man das Gedächtnis dieses Opfers feiert.*"[10] Mit einem Mal war der Graben von Raum und Zeit für mich überbrückt in dem Wissen, daß diese menschlichen Kategorien vor Gott nicht gelten. Und noch interessanter war für mich die Erfahrung: Wie sehr hatte mich diese Frage latent beschäftigt und beunruhigt, ohne daß mir das klar bewußt gewesen wäre. Für mich geschah die Erkenntnis in diesem Zusammenhang – für einen anderen mag sich ein ganz anderer Zugang als hilfreich erweisen.

Ich möchte deshalb versuchen, Sie im Laufe des Kurses immer wieder zu eigenen Erfahrungen zu führen, die Ihnen vielleicht helfen können, sich für solch eine zentrale Botschaft des Neuen Testamentes, wie sie die Botschaft von Kreuz und Erlösung ist, zu öffnen.

DER AUFBAU DES KURSES

Zu solchen eigenen Erfahrungen kann Ihnen vielleicht helfen, zuerst einmal **in sich** den Raum zu finden, in dem die Botschaft vom Kreuz als Erlösung, die uns das Neue Testament anbietet, vernommen werden kann.

Deshalb soll zu *Beginn* dieses Weges, in den ersten zwei Wochen, **das Kreuz als Ursymbol menschlichen Daseins** in den Blick kommen. Das Kreuz ist ein sogenanntes „archetypisches Symbol"[11], das in allen Kulturen zu finden ist. Solche archetypischen Symbole wirken in ganz tiefe Schichten unseres Wesens hinein. Wenn wir die Botschaft des Evangeliums bis in unser „Herz" hinein einlassen wollen, dann kann es über solche Symbole geschehen. Die Bibel bietet uns diesen Weg an, in ihr treffen wir auf Schritt und Tritt auf solche Ursymbole, durch die sich Menschen seit Tausenden von Jahren haben prägen lassen.

In der *Mitte* dieses Kurses steht dann **das Kreuz als christliches Symbol unseres Heiles.** Dieses Kreuz steht in einer unlösbaren Verbindung mit der Auferstehung, was schon in früher Zeit im Symbol eines blühenden Kreuzbaumes dargestellt wurde. Das Kreuz Christi wird zum Gegenpol des Todesbaumes, durch den sich die ersten Menschen ihrem Todesschicksal auslieferten. Nach der alten Legende erhebt sich der Kreuzeshügel von Golgota über dem Grab Adams.

Die letzten Wochen dieses Kurses wollen uns dann den **Kreuzweg Jesu Christi** mitgehen lassen – den Weg, der durch das Kreuz zum qualitativ neuen Leben der Auferstehung führt. Dieser Weg führt in das Zentrum christlicher Nachfolge: in das Mitleiden, in das Mitsterben – und in das Mitleben mit Christus, dem Auferstandenen. Er bezieht uns ein in das innerste Mysterium unseres christlichen Glaubens, in das Passah-Mysterium, das den Tod nicht vernichtet, sondern in qualitativ neues Leben verwandelt.

Aber das ist kein theoretischer Weg: Nur im Annehmen der Polaritäten unseres Lebens, wie sie sich in der Kreuzstruktur darstellen, nur in der Annahme dessen, was Gott jedem von uns persönlich als sein „Kreuz" zumutet – und nur in der mystischen Vereinigung unseres Kreuzes mit dem Kreuz Jesu Christi öffnen wir uns der Möglichkeit, das Passah-Mysterium immer tiefer zu begreifen und in ihm unsere tiefste Lebenswurzel zu finden.

Daß das keine weltfremde Illusion ist, daß dieses Geheimnis wahren Lebens nicht nur einigen auserwählten „Heiligen" möglich ist, bezeugen von Jahr zu Jahr deutlicher viele Tausende junger Menschen, die in Taizé zusammenkommen, um aus dem Ostergeschehen, um vom auferstandenen Jesus her ihr eigenes Leben und ein kleines Stück unserer bedrohten Welt neu zu gestalten.

MÖGLICHKEITEN EINES WEGES
DURCH DAS PASSAH-GEHEIMNIS

Die vierzig Tage der vorösterlichen Zeit, die in die großen Festtage einmünden, kommen in ihrer Zahl dadurch zustande, daß in frühen Zeiten die Sonntage aus der Fastenzeit herausgenommen waren. In ihnen leuchtete auch während dieser Zeit das Licht der Auferstehungsfreude.

Unser Weg vor Ostern umfaßt fünf Wochen. Da haben Sie etwas Luft, wenn unvorhergesehene Störungen dazwischenkommen. So können Sie entweder gleich nach Aschermittwoch mit den Grundübungen beginnen und dazwischen eine Woche Pause lassen – oder Sie beginnen eine Woche nach Aschermittwoch und bleiben dann in der Dynamik bis in die Osterwoche hinein. Ich könnte mir vorstellen, daß Sie den Weg ganz ruhig mit einigen „Grundübungen" angehen lassen. Meditieren lebt vom Wiederholen und Vertiefen. Es wäre gut, die ersten drei Tage bei diesen Vor-Übungen zu bleiben, die mich von Tag zu Tag tiefer öffnen können für den folgenden Weg. Eine große innere Bereitschaft, sich durch den Heiligen Geist führen und leiten zu lassen, kann gerade in solcher Vor-Bereitung wachsen …

Grundübungen

Einführung in die Grundübungen

Darf ich mit einer persönlichen Erfahrung einsteigen, die für die ersten Übungen unseres Kurses wichtig sein könnte: Während und nach meiner Konfirmandenzeit hatte ich ein sehr intensives Gebetsleben geführt und gemeint, so müsse es einfach weitergehen. Aber nach und nach ließ das innere Glücksgefühl beim Beten nach – und ich hatte das Gefühl, mein Beten gehe ins Leere. Deshalb betete ich immer weniger und gab mit der Zeit jede feste Ordnung auf.

Als ich nach einigen Jahren dieses Defizit so stark erlebte, daß ich mit einer schweren Krankheit ins Krankenhaus eingeliefert wurde, traf ich dort eine katholische Krankenschwester, mit der ich über diese Fragen sprechen konnte. Und sie sagte mir: *„Du mußt halt beten, bis du wieder Kontakt hast."* Dieses Wort half mir entscheidend weiter.

In unserer Sicht hier könnte das auch heißen: Du mußt im Raum des Betens solange verweilen, bis du spürst, daß du dort **zu Hause** bist. Es ist ein Unterschied, ob ich einmal dieses oder jenes Gebet spreche – oder ob ich mir wirklich Zeit und Raum für die Begegnung mit Gott nehme und vor ihm **verweile.** Das aber ist nötig, wenn ein innerer Prozeß in Gang kommen und sich vertiefen soll.

Später stellte ich fest, daß eigentlich jede schwere Krise meines Lebens immer auch eine Krise meines Gebetslebens gewesen war – und daß gerade ein solcher neuer Anlauf zum regelmäßigen Eintauchen in diesen Raum des Gebetes zur Überwindung der Krise führte. Das geschah nicht sofort, aber in einem langsamen, kontinuierlichen Prozeß.

0/1: ICH TRETE EIN IN DEN RAUM DES BETENS

Hinführung:
Wir wollen in unserer ersten, vorbereitenden Übung den „Raum" bereiten, in den ich jedesmal eintreten darf, wenn ich eine Gebetszeit beginne.

Meditative Übung:
Ich frage mich, welche Bilder in mir aufsteigen, wenn ich in der Stille dem einmal nachspüre, wo und wann ich mich wirklich „zu Hause" gefühlt und/oder welches Bild vielleicht einmal eine tiefe, aber verborgene Sehnsucht nach dem Zu-Hause-Sein in mir wachgerufen hat. Was beinhaltet für mich **Zu-Hause-Sein?** Ich schreibe mir dazu in Stichworten auf, was mir einfällt:

„Zu-Hause-Sein" bedeutet für mich:

....

....

....

....

(Vgl. dazu S. 140ff.)

Reflexion:
Ich mache mir bewußt, welcher Unterschied es ist, ob ich ein Gespräch zu Hause mit meinen Angehörigen führe oder in einer mir fremden Umgebung mit mir unbekannten Menschen. Daraus kann mir deutlich werden, welcher Unterschied darin liegt, ob ich beim Beten mit einem „objektiven" Gott spreche, der mir verhältnismäßig fremd ist, oder ob ich „mit meinem geliebten Gott" Kontakt aufnehme, der

mich liebt und den ich lieben darf – wenn ich beim Beten in diesen Raum der Liebe „eintrete".

Meditatives Gebet:

Ich bleibe einen Moment stehen vor meiner „Gebets-ecke", vor dem Ort, wo ich dann beten möchte, und trete dann ganz langsam und bewußt ein in diesen „Raum des Gebetes". Es ist der Raum, wo ich zu Hause sein darf – und ich mache mir bewußt, was das für mich bedeutet: Gott bietet mir diesen Raum als ein echtes „Zu-Hause" an – ich darf eintreten und dieses Zu-Hause-Sein bei Gott wahrnehmen. Dazu kann ich nacheinander bei den einzelnen Bildern betend verweilen, die ich mir selbst notiert habe.

Biblische Meditation:

– *„Herzlich lieb habe ich dich, o Herr"* (Ps 18,2 Luther).

Abschluß der Gebetszeit:

Ich spüre dem nach, wie es mir während des Betens ergangen ist, notiere mir vielleicht etwas Wichtiges – und streiche mir an, was ich noch vertiefen und wiederholen möchte, wo ich morgen fortfahren möchte ...

0/2: ICH BEREITE IN MIR DEN RAUM FÜR GOTT

Hinführung:

Als zweites Kennzeichen des Betens nannten wir in der Einleitung: *Es geht beim Beten nicht darum, Gott „außen" zu suchen, sondern „innen" in mir sein Spiegelbild zu berühren.*

Biblische Meditation:

– *„Wir werden kommen und Wohnung bei ihm nehmen"* (Joh 14,23b).

Ich öffne mich für diese Verheißung und verweile lange in dieser Offenheit vor Gott ...

Symbolmeditation:
Ich besinne mich auf die gestrige Meditation, trete beim Beten ein in den Raum des Geliebtwerdens, des Angenommenwerdens und des Zu-Hause-sein-Dürfens ... Und ich stelle mich innerlich darauf ein, daß Jesus Christus selbst kommen und bei mir, in mir zu Hause sein möchte.

Vorausmeditation:
Ich sehe den Weg der nächsten Wochen vor mir und stelle mich darauf ein, dem Herrn, der mich liebt, bei mir ein Zu-Hause zu schenken, in dem er sich wohlfühlen möge.

0/3: ICH NEHME DEN AUGENBLICK DER BEGEGNUNG WAHR

Hinführung:
Als dritte Voraussetzung des Betens nannten wir: *Es geht beim Beten nicht darum, Gott in der Vergangenheit oder in der Zukunft anzusiedeln, sondern wahrzunehmen, daß mir Gott nie näher war oder sein wird, als er mir **jetzt**, in diesem Augenblick meines Betens, ist.*[12] Wohlfühlen im „Jetzt", im „Nun" der Mystiker, kann ich mich auf die Dauer nur dann, wenn ich im Jetzt auch „zu Hause" bin.

Atemmeditation:
Ich fühle mich im Raum des Betens zu Hause – ich atme tief durch, wie ich es zu Hause tun kann – und versuche, die Wirklichkeit, daß ich bei Gott jetzt zu Hause sein darf und daß er in mir sein Heim haben will, tief in mich einzuatmen, mit jedem Atemzug neu, mit jedem Atemzug ein neues, dankbares „Jetzt":
*Mit jedem Atemzug: Ich in **Dir** – „zu Hause" ...*
*Mit jedem Atemzug: **Du** in mir – „zu Hause" ...*

Erste Übungswoche

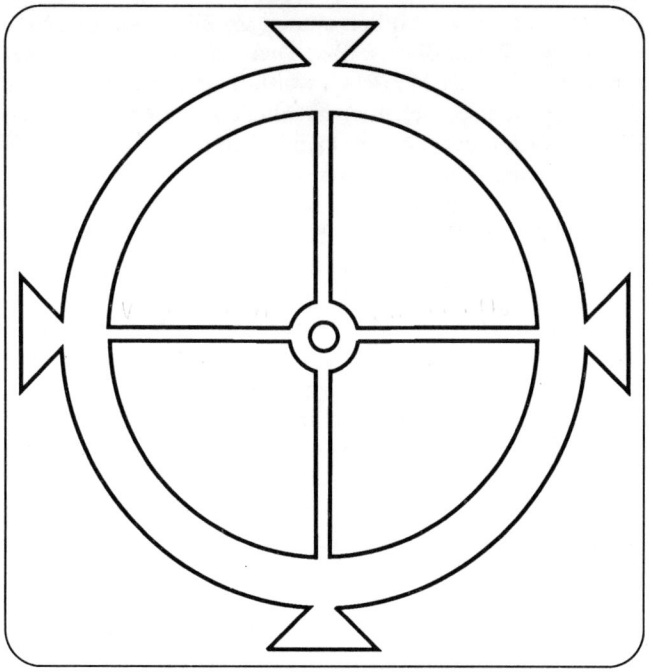

Radkreuz – Ursymbol der Menschheit

1/1: ICH SETZE MICH DER ORDNENDEN KRAFT DES KREUZES AUS

Hinführung:
Bisher ging es um grundlegende Übungen, bewußt in den Raum des Betens einzutreten. Die heutige Übung ist ebenso wichtig: Wir wollen einmal im Blick auf ein „Bild" eine längere Zeit still verweilen. Dieses Verweilen haben wir fernsehgeschädigte Menschen weithin verlernt. Aber gerade dem verweilenden Schauen erschließen sich Dimensionen, die uns verlorenzugehen drohen, wenn ein Bild das andere jagt und wir ständig in Hektik leben.

Ich habe kein „schönes" Bild für diese Übung gewählt, sondern das **Radkreuz,** das Schema eines uralten Menschheitssymbols. Auf alten keltischen Grabsteinen finden wir es in unterschiedlicher Ausformung, aber auch in vielen anderen alten Kulturen. Die Menschen haben etwas davon gespürt, daß sie eine Ordnung für ihr Leben brauchen, und dieses Ursymbol wirkte ordnend und heilend für ihr Leben, wenn sie es immer wieder anschauten, wenn sie davor verweilten und es auf diese Weise meditierten. Wir heutigen Menschen wissen, wie wichtig für viele wissenschaftliche Arbeiten ein sauberes Koordinatensystem ist – das Radkreuz hat auf einer anderen Stufe der Kultur und unseres Lebens die gleiche ordnende Funktion.

Meditative Übung:
Ich schaue das Radkreuz an und verweile davor, solange es mich „anspricht" – mindestens aber 10–15 Minuten, weil sonst kein innerer Prozeß in Gang kommen kann. Ich lasse dieses Ursymbol auf mich wirken und beobachte, ob es etwas mit mir macht ... welche Gefühle oder Gedanken dabei in mir aufsteigen. Ich nehme einfach wahr, was geschieht, **ohne etwas erreichen zu wollen** und **ohne** das Geschehen **zu beurteilen** ... Und wenn mir nichts mehr einfällt, dann verweile ich trotzdem noch eine weitere Zeit im Schauen auf dieses archetypische Symbol und lasse es noch weiter auf

mich wirken. Oft muß ich erst einmal eine Zeit der Dürre überwinden, wo scheinbar nichts passiert, bis sich dann eine neue Sicht anbietet.

Was mir eingefallen ist, kann ich kurz notieren ... Solche Notizen helfen dann bei der nächsten Gebetszeit, schneller wieder ins Beten hineinzufinden. Vielleicht habe ich auch Lust, das Kreuz farbig zu gestalten, dann sollte ich das tun – und mich anschließend fragen, weshalb ich gerade diese und keine anderen Farben gewählt habe ... (Vgl. dazu – nach der Meditation – S. 142f.)

Meditatives Gebet:

Es ist eine gute und bewährte Sitte, jede Meditation, auch jede „naturale" Meditation, die in sich noch keinen eigentlich geistlichen Inhalt trägt, in ein Gebet einmünden zu lassen. Ignatius von Loyola rät dazu, jede Meditation mit einem persönlichen Zwiegespräch mit dem Herrn zu beenden. Gerade solch eine Symbolmeditation läßt manchmal Gedanken und Wünsche, Sehnsüchte und Hoffnungen ins Bewußtsein treten, die ich offen vor Gott hinlegen darf. Eine solche Meditation kann mir Gedanken für mein Beten schenken, die anders sind als meine üblichen Gebetsworte und -anliegen – und sie kann mein Gebet ungeahnt vertiefen und bereichern.

1/2: ICH SETZE MICH DER ORDNENDEN KRAFT DES KREUZES AUS: VERGANGENHEIT UND ZUKUNFT

Einführung und wichtiger Hinweis:

Während dieses Kurses biete ich Ihnen oft mehrere Übungen als Möglichkeiten an. Wenn Sie das Gefühl haben, bei einer Übung oder bei einem der Angebote länger verweilen zu wollen und dafür nur weniger als „vorgegeben" zu schaffen, dann freuen Sie sich und stellen sich bitte niemals unter Leistungsdruck! Es ist sehr unterschiedlich, wie-

31

viel der einzelne an Stoff braucht. Je weniger Stoff Sie brauchen, desto leichter kommen Sie in die Tiefe, wo Sie von Gott berührt werden können. **Beim Meditieren ist weniger mehr als viel.** Sie müssen hier kein Pensum schaffen, sondern die Übungsangebote sollen Ihnen Möglichkeiten zeigen, in die Stille und in die Nähe Gottes zu kommen. Wenn Sie das Gefühl haben, dort zu sein, dann bleiben Sie bitte da! Alles andere wäre ein Zurückgehen.

Entscheidend wichtig ist bei solch einem Weg, daß Sie mehr und mehr lernen, sich von innen her, durch den Heiligen Geist leiten zu lassen! Und der führt manchmal anders, als es „vor-geschrieben" ist! Je offener Sie dafür sind, desto leichter werden Sie auch seine leisen inneren Impulse wahrnehmen, durch die Sie geführt werden. Auch der Sinn jeder geistlichen Begleitung liegt darin, daß der Begleiter gemeinsam mit dem Begleiteten auf dessen innere Impulse zu lauschen versucht, um zu erspüren: Wie geht der Weg für diesen Menschen jetzt weiter? ... (Erfahrungen bei dieser Übung finden Sie auf S. 143f.)

Meditative Übung:
Ich stelle mir vor, das Radkreuz der gestrigen Übung auf mein Leben zu stellen, so daß der eine Balken hinter mich in meine Vergangenheit weist und der andere nach vorn in meine Zukunft ...

Ich meditiere im Symbol des „**Vergangenheitsbalkens**" das Vergangene meines Lebens. Ist alles nur „vergangen" – in ein „Nichts" versunken, oder wie wirkt das scheinbar „Vergangene" auf die Gegenwart und in die Zukunft hinein? ... (Es ist gut, bei dieser Übung zunächst einmal die guten, positiven Erfahrungen im Blick zu haben.)

Dann meditiere ich den „**Zukunftsbalken**", das geheimnisvolle Ineinander von Gewußtem oder auch nur Geahntem, was vor mir liegt – und dem, was mich völlig überraschend treffen kann ...

Und schließlich gehe ich dem Geheimnis nach, was das „**Jetzt**" eigentlich sein mag, dieser kleine – eigentlich zeitlose – Augenblick, in dem jeweils Vergangenes in Zukunft übergeht ... Gefühle, die sich einstellen, lasse ich zu und nehme sie bewußt wahr ...

Atemmeditation:
Ich spüre meinem Atem nach, hole beim Einatmen den nächsten zukünftigen Augenblick in mich hinein, um ihn sogleich beim Ausatmen in das Vergangene hineinfließen zu lassen ... und spüre dabei dem Geheimnis meines Lebens nach, das sich in der Zeit, in einander folgenden Augenblicken, jeweils im „Jetzt" oder „Nun" vollzieht ...

Oder: Ich hole bei jedem Einatmen ein Stück Vergangenheit in meine Gegenwart hinein – spüre dem nach, wie das, was ich jetzt bin, aus dem gewachsen ist, was gewesen ist – und fülle mich mit dem Reichtum, der mir aus meiner Vergangenheit zufließt ... (Jeder sollte die Version wählen, die ihn unmittelbarer anspricht.)

Meditatives Gebet:
Ich mache mir dankbar bewußt, welches Geschenk die ordnende Zeit in meinem Leben darstellt ... ich danke für das Geschenk meiner Vergangenheit und für die Offenheit meiner Zukunft ... Roger Schutz betet: *„Christus, meine Vergangenheit hast du in deinem Herzen geborgen, und für meine Zukunft hast du schon gesorgt ..."*

1/3: ICH SETZE MICH DER ORDNENDEN KRAFT DES KREUZES AUS: DAS GUTE UND DAS BÖSE

Hinführung:
Gestern hatten wir den Querbalken des Kreuzes als Vergangenheits- und Zukunftsbalken gedeutet. Heute möchte ich ihn noch einmal anschauen in seiner Polarität zwischen dem Guten und dem Bösen.

Kinder, aber nicht nur sie, brauchen klare Unterscheidungshilfen. Um zu wissen, wie sie sich zu „orientieren" haben, müssen sie die Himmelsrichtungen kennen – auch im übertragenen Sinne. Die Schwarzweißmalerei unserer Märchen, die klare Unterscheidung zwischen den Guten und den Bösen, ist für Kinder ein klarer Wegweiser für ihren Lebensweg.

Gewiß kommen später dann die Fragen, ob denn das, was ich für gut oder schlecht angesehen habe, dem wirklich entspricht. Welches erwachsene Kind steht nicht eines Tages vor der Frage, ob manches von dem, was die Eltern ihm in „bester" Absicht mitgegeben haben, nicht doch gerade eine negative Wirkung für sein Leben gehabt hat. Reife Menschen wissen darum, daß es in unserer Welt das reine Gute ebensowenig gibt wie das schlechthin und absolut Böse (wenn auch manches Geschehen nahe an diese Grenze zu stoßen scheint!). Und gewiß ist das der Zustand unserer Welt, in die Gott uns hineingestellt hat und in der wir leben.

Und trotzdem müssen wir uns nicht nur auf Wanderwegen „orientieren", sondern auch in unserem sittlichen Leben: Wenn Gott allein der schlechthin „Gute" in sich ist – und der Widersacher Gottes das Böse ohne Vermischung in sich darstellt, dann ist es um so wichtiger für uns in unserer Welt, in der Gutes und Böses vermischt sind, uns eine **Fähigkeit der Unterscheidung** anzueignen. Wie dringend suchen wir nach reifen Menschen, gerade in der Politik, die dieses Unterscheidungsvermögen haben – solche Menschen sind heute mehr denn je entscheidend wichtig, wenn die Menschheit überhaupt Überlebenschancen haben soll ... Es lohnt sich also, unser Radkreuz auch noch einmal in dieser Sicht zu meditieren ...

Symbolmeditation:
Ich sehe eine Wegkreuzung vor mir und meditiere sie als Symbol für viele Lebenssituationen ...

Meditative Übung:
Ich lege mein Radkreuz mit seinen Querbalken in der Vorstellung auf eine vergangene Entscheidungssituation

meines Lebens ... Erkenne ich, welcher Balken, welcher Weg zum Guten hinführte und welcher Balken, welcher Weg davon weggeführt hätte? ...

Vielleicht ergibt sich daraus ein Hinweis, wie ich mich in einer augenblicklichen oder noch vor mir liegenden Entscheidung „orientieren" sollte ... (Bitte nichts erzwingen wollen – Entscheidungen wollen wachsen und reifen ...)

Unterscheidung der Geister:
Ich erinnere mich an die Regel zur Unterscheidung der Geister bei Ignatius (siehe S. 20): Bei allem, was uns zu mehr Glauben, zu mehr Hoffnung und zu mehr Liebe anregt, darf ich den „guten Geist" vermuten, bei allem, was diese Kräfte schwächt, muß ich sehr wachsam sein, wer oder was da die Hand mit im Spiele hat!

1/4: ICH SETZE MICH DER ORDNENDEN KRAFT DES KREUZES AUS: DAS „OBEN" UND DAS „UNTEN"

Hinführung:
Wenn wir gestern und vorgestern in der Vorstellung unseren Lebensweg in dem Bild der Querbalken des Radkreuzes gesehen haben, dann hat sich vielleicht schon ganz spontan dieser „Weg" plastisch nach oben oder nach unten ausgeformt: Auf jedem Lebensweg gibt es Höhen und Tiefen, Berge und Täler, vielleicht hohe Gipfel und tiefe Schluchten, wobei das alles symbolische Bildworte sind, die wir in unsere Sprache aufgenommen haben.

Höhen und Tiefen lassen uns Abstand gewinnen vom Alltag und schenken infolgedessen manchmal einen klareren Blick. Der Gipfel läßt mich weit schauen – und Verbindungen unter der Erde bringen mich oft ganz unmittelbar zum Ziel. Es scheint Lebenswege zu geben, die wenig hervorragende Höhen oder einschneidende Tiefen zu verzeichnen haben – und andere, wo sich höchste Höhen mit dunkelsten

Tiefen abwechseln. Beides ist nicht unabhängig voneinander – und ich habe schon manchmal jemanden, der mir von seinen „Höhen" erzählt hat, von mir aus auf die zugehörigen Tiefen angesprochen – und umgekehrt. Und noch immer wurde mir meine Vermutung bestätigt: Ich kann die Höhen nicht ohne die Tiefen haben (ich spreche hier nicht von psychisch kranken Menschen). Und gleichzeitig hat mir noch niemand, den ich fragte, ob er lieber ein „flaches" Leben führen möchte, auf diese Frage mit einem „Ja" geantwortet.

Und noch etwas scheint mir bemerkenswert: In „Höhenzeiten" scheinen mir die Dunkelheiten oft sehr fern, während ich mich in „Talsituationen" viel leichter an eine frühere „Tiefe" erinnern kann als an die vielleicht unmittelbar davor liegende „Höhe". Es scheint also eine unmittelbare Verbindung sowohl zwischen den Höhen als auch zwischen den Tiefen meines Lebens zu geben. Das heißt aber dann doch wohl auch, daß es eine „Summe" aller Höhenerfahrungen gibt, die ich im oberen Längsbalken des Kreuzes anschauen kann. Und ebenso kann mir der untere Teil dieses Balkens die Summe aller „Tiefenerlebnisse" symbolisieren.

Biblische Meditation:
- *„Ein Tag sagt es dem andern, eine Nacht tut es der andern kund"* (Ps 19,3).
- *„In seiner Hand sind die Tiefen der Erde, sein sind die Gipfel der Berge"* (Ps 95,4).

Meditative Übung:
Ich lege wieder in meiner Vorstellung das Radkreuz auf meine „Lebenskarte" und meditiere den „oberen" und den „unteren" Balken des Radkreuzes im Blick auf mein Leben ...

Atemmeditation:
- Ich stelle mir bei jedem Einatmen vor, daß ich ein wenig leichter werde – vielleicht kommt es nach einiger Zeit

dazu, daß ich mir wie schwebend vorkomme ... (Ich darf
aber die Meditationszeit nicht beenden, ehe ich wieder
langsam und allmählich gelandet bin, wieder den Boden
unter meinen Füßen fühle ...)
– Ich stelle mir bei jedem Ausatmen vor, daß ich ein klein
wenig schwerer werde, vielleicht sogar ein Stück in den
Boden einsinke ... (Auch hier muß ich mich gegen Ende
der Meditation wieder aus dieser Tiefe herauslösen ...)

Beide Übungen sind geeignet, um zu Beginn einer
Meditation in die Stille zu kommen. Jeder sollte darauf
achten, welche Richtung ihm persönlich mehr zur Stille
hilft – der Abstand aus der Höhe oder der Abstand durch die
Tiefe ...

Meditatives Gebet:
Ich nehme einige der Höhen- und Tiefenerfahrungen
meines Lebens wahr und stelle mich mit diesen Erfahrungen
ins Licht Gottes ...

1/5: ICH SETZE MICH DER ORDNENDEN KRAFT DES KREUZES AUS: ICH ERLEBE UND ERSPÜRE MEINE MITTE

Hinführung:
Das Ursymbol des Radkreuzes geht noch weit hinaus
über die Ordnungsfunktion eines Koordinatensystems.
Wichtig sind beim Radkreuz neben den Balken sowohl die
Mitte als auch der umgrenzende Kreis. Im Meditieren des
Symbols mag deutlich werden: Soll mein Menschsein gelin-
gen, so brauche ich sowohl die Mitte als auch das Wissen um
meine Begrenzung, die Kenntnis meiner Grenzen ... Heute
wollen wir uns der Mitte zuwenden, um dann morgen die
Begrenzungen zu erleben. (Mögliche Erfahrungen anderer
finden Sie – bitte erst nach der eigenen Meditation! – auf
S. 144f.)

Meditative Übung:

Im Schauen auf das Radkreuz lasse ich **die Mitte** auf mich wirken: Ich sehe mich im Spiegel dieses Symbols: Wo ist meine wahre Mitte, das eigentliche Zentrum meines Lebens?

Atemmeditation:

Vielleicht kann mir eine Atemübung helfen, meine Mitte besser zu finden:

Im Blick auf die **Mitte** des Radkreuzes erspüre ich meine eigene Mitte – und verweile dort eine Zeitlang im Aus- und Einatmen ... Dabei hole ich gewissermaßen den Atem aus dieser Mitte und Tiefe zu mir und schicke ihn wieder dahin zurück ...

Eine kleine Vorstellung kann mir auch dazu helfen: Ich habe ein kleines Licht in mir brennen und muß nun mit leisem Atem dieser kleinen Flamme Luft zuführen ...

Meditative Bilder:

Vielleicht lockt mich eines der Bilder zum Meditieren, die unsere großen Mystiker für diese innere Mitte gebraucht haben (siehe S. 53): „Seelengrund", „innere Burg" oder „Seelenfünklein" ...

Meditatives Gebet:

Ich öffne mich von meiner Mitte her zu Gott und lasse ihn tief in mich eindringen, lasse mich tief von ihm durchdringen ...

1/6: ICH SETZE MICH DER ORDNENDEN KRAFT DES KREUZES AUS: ICH ERMESSE MEINE BEGRENZUNG

Hinführung:

Gestern nahmen wir die Mitte des Kreuzes wahr – heute geht es um die Begrenzung. Vielleicht hat eine gute Begrenzung auch etwas zu tun mit dem Erleben des Zu-Hause-Seins, des Geborgen-Seins ... Aber die Kehrseite ist das Gefangensein, das Eingesperrtsein in diesen Grenzen. Grenzen müßten zugleich bergen und doch durchlässig sein, wie es ein gutes Zu-Hause ja auch ist ... (Erfahrungen S. 145.)

Meditative Übung:
Im Schauen auf das Radkreuz lasse ich **den begrenzenden und schützenden Ring** auf mich wirken. Ich sehe mich im Spiegel dieses Symbols:
- Fühle ich den Ring mehr als Schutz oder mehr als Bedrohung?
- Wo sind meine guten und gottgewollten Grenzen und Begrenzungen?
- Wie gehe ich mit meinen Begrenzungen um? ... Wo nehme ich Grenzen bei mir nicht an?
- Wo stecke ich mir meine Grenzen zu weit und gerate „ins Uferlose" – und wo begrenze ich mich vorschnell und nehme mir selbst den Freiraum, der mir gegeben ist?

Atemmeditation:
Vielleicht kann auch hier eine Atemübung helfen, meine Grenzen auszuloten und von der Mitte her als durchlässig zu erleben:
Im Blick auf den **Vergangenheitsbalken** „ermesse" ich seine äußerste Grenze. Vielleicht spüre ich sie beim Augenblick meiner Geburt – vielleicht schon an der Stelle meiner Empfängnis ... Daß dieser Augenblick kein Zufall war, sondern daß an diesem Ursprung Gott selbst steht, das glaube ich – und atme beim Ausatmen in dieses Bild hinein: Mein Ursprung in Gott ... Wenn ich das in mehrmaligem Ausatmen glaubend realisiert habe, kann ich beim Einatmen diese Wirklichkeit von der Grenze her wieder in meine Mitte hereinholen ...
Im Blick auf den **Zukunftsbalken** „ermesse" ich wieder dessen äußerste Grenze: Das einzige, was für mein Leben

sicher ist, ist mein Sterben. Ich wage den Blick auf diese zukünftige Wirklichkeit und sehe auch diese Stunde meines Todes in Gottes Hand eingebettet ... Und ich atme in diese erhoffte Wirklichkeit hinein, bis sich auch von dieser Hoffnung ein Stücklein in mir zu realisieren beginnt ... Und wieder hole ich beim Einatmen etwas von dieser Hoffnung in meine Mitte herein ...

Dann ermesse ich im Blick auf den **Tiefenbalken** die Situation, die mich in Hinsicht von Schmerz- und Leiderfahrung am meisten in die Tiefe geführt hat. Auch an dieser Grenze sehe ich Gott, wie er gerade dort auf mich wartet ... und ich atme beim Ausatmen in dieses Bild hinein, bis es dadurch mehr und mehr zum Leben erwacht ... Und wieder kann ich dann anschließend beim Einatmen mir von dorther die Liebe Gottes in meine Mitte hereinatmen ...

Und schließlich atme ich in den **Höhenbalken** hinein – in den/die höchsten „Gipfel" meines bisherigen Lebens und spüre seine/ihre Transparenz zur Seligkeit Gottes hin ... Und wiederum kann ich nach einiger Zeit etwas von dieser Wirklichkeit einatmend in meine Mitte einfließen lassen ...

Wenn ich auf diese Weise ein wenig die Grenzen meines Lebens nach diesen vier Seiten hin auszuloten versucht habe, wenn ich es „eingeatmet" habe, daß ich nach allen Seiten hin auf die Liebe Gottes stoße, dann darf ich mir noch einmal den bergenden Kreis bewußt machen, der mein Leben umschließt: Ich darf geborgen, zu Hause sein in der mich umgebenden Liebe Gottes ...[13]

Meditatives Gebet:
Ich bringe alles, was mir aufgegangen ist, betend vor Gott. So, wie ich mich im Spiegel dieser Symbolbilder gesehen und erlebt habe, so halte ich mich einfach Gott hin ...

1/7: ICH SETZE MICH DER ORDNENDEN KRAFT DES KREUZES AUS: WIEDERHOLUNG UND VERTIEFUNG

Anhand des Bildschemas „Das Radkreuz" (siehe S. 29) lasse ich die vergangene Übungswoche noch einmal an mir vorüberziehen und halte ein bei dem, was mich bewegt und angerührt hat ...

Zweite Übungswoche

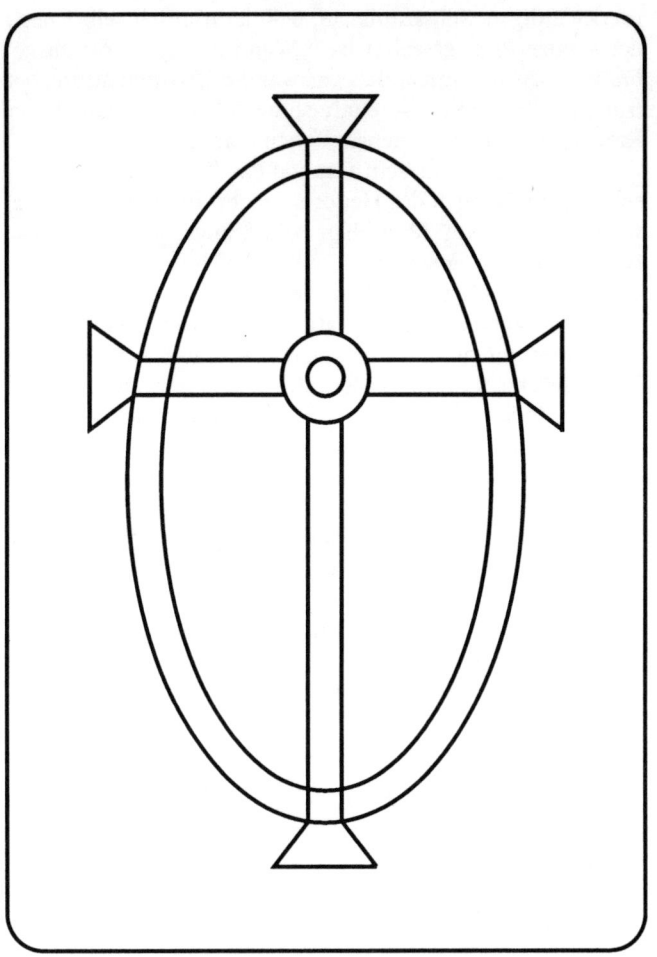

Die Kreuzform des Menschen

Einführung in die zweite Übungswoche

Thematisch ruht die zweite Übungswoche auf dem merkwürdigen Geheimnis auf, daß der Mensch selbst nach der Kreuzesform gestaltet ist.[14] Wenn ich mich mit ausgebreiteten Armen hinstelle – das war die Orantenhaltung der frühen Christenheit –, dann spüre ich etwas von dieser Kreuzesform meines menschlichen Leibes.

Ob nicht aus diesem Grunde das Kreuz für uns Menschen zum Zeichen des Heiles schlechthin werden konnte, weil es dieses im Menschen selbst angelegte Bild, diese Urform in uns anspricht? ... Schon Thomas von Aquin äußerte den vielzitierten Satz, daß die Gnade Gottes auf der Natur aufbaut, daß sie die Natur nicht beiseite schiebt oder gar vernichten will. Wir sprachen schon davon, daß das Kreuz als archetypisches Menschheitssymbol ganz tiefe und verborgene Schichten unserer Seele anspricht. Ich vermute, daß das damit zusammenhängt, daß da tief in uns selbst etwas mitklingt, wenn wir vor diesem Zeichen meditierend verweilen.

So geht es in dieser Woche darum, das archetypische Symbol des Radkreuzes unter dem besonderen Aspekt unserer eigenen Kreuzesgestalt zu meditieren und die Meditationen der ersten Woche damit aufzunehmen und zu vertiefen. Als Bildschema möchte ich das Radkreuz ein wenig abwandeln, so daß das Kreuz in ein Oval eingeborgen ist. Darin finde ich mich in meiner eigenen leiblichen Kreuzesgestalt noch deutlicher angesprochen als in der runden Radkreuzform.

2/1: MEIN LEIB ALS KREUZ

Hinführung:

Wenn der Mensch sich in seiner ihm gemäßen, aufrechten Stellung befindet, besteht er aus einer vertikalen und aus einer horizontalen Achse. Den Schnittpunkt, die Mitte, bildet das menschliche „Herz". Das Herz ist das biblische Symbol für die Wesensmitte des Menschen.

Auch mein Leben „wurzelt" in der Tiefe, im Boden, im Erdreich, denn ich bin „irdisch", erdgebunden als Mensch (symbolisiert durch den unteren Kreuzesbalken). Aber das ist nicht alles: Gleichzeitig ist in mir ein Streben „nach oben", über mich hinaus, nach dem „Licht", nach allem, was mich übersteigt, wonach ich mich sehne und wohin ich „wachsen" möchte (symbolisiert durch den oberen Kreuzesbalken). Diese „Vertikale" wird nun „durchkreuzt" von der horizontalen Linie des Querbalkens, der nach beiden Seiten hin ragt. Wie in einem Balanceakt der Mensch seine Arme ausbreitet, um im Gleichgewicht zu bleiben, so ist es gerade der Querbalken, der im Gleichgewicht bleiben muß, damit sich nicht auch der Längsbalken verschiebt und schief wird.

Dieses „Kreuz" ist nun auf dem Kreuzschema dieser zweiten Woche umschlossen von einem Oval, das – ebenso wie der Kreis in der letzten Woche – schützt und birgt, aber gleichzeitig auch begrenzt und einengt. Das Geheimnis der „Mitte", also unseres menschlichen „Herzens", besteht nun darin, daß von da aus nach allen Seiten hin Kräfte ausgehen, welche die Begrenzung nicht nur zu berühren, sondern sogar zu durchbrechen vermögen. Es ist das Geheimnis des „Gott in uns", von dem Paulus schreibt: *„So lebe nun nicht mehr ich, sondern Christus lebt in mir"* (Gal 2,20). Diese Wirklichkeit Gottes in uns steht in einer geheimnisvollen Korrespondenz zu dem „Gott außer uns". Je lebendiger diese Mitte in uns ist, desto stärker erfahren wir: Wir wurzeln nicht nur in der Erde, sondern in Gott – wir streben nicht nur nach dem sichtbaren Himmel, sondern nach dem Himmel als Symbol Gottes. Und wir werden uns im Laufe der Woche an einzelnen Dimensionen verdeutlichen, daß auch die „Querbalken" – wenn sie von dieser göttlichen Kraft durchdrungen werden – über ihre Grenzen hinausweisen, auf Gott hin. Sagen wir es zwar gewagt, aber doch in Übereinstimmung mit der urchristlichen Tradition: Gott, der in uns ist, durchbricht die Grenzen und verbindet sich mit Gott, wie er uns von allen Seiten umgibt. Das erinnert mich an die Buber-Dichtung: *„Wo ich gehe – Du. Wo ich stehe – Du ... immer nur Du."* (Erfahrungen S. 145f.)

Meditative Leibübung:
Ich stelle mich in Kreuzform auf und fühle mich hinein in diese Form ... ich spüre nach allen Seiten hin ...

Meditatives Gebet:
Da ich nicht so lange stehen kann (es eine Zeitlang auszuhalten ist gewiß heilsam, es läßt uns vom Leib her etwas davon spüren, was die Kreuzigung Jesu bedeutete!), bietet es sich an, sich flach in Kreuzform auf den Boden zu legen und dabei die eigenen Begrenzungen zu erspüren und die verborgene, tiefe Sehnsucht, die über diese Grenzen hinausweist und sie überschreiten möchte ...

Dann kann die ganze Übung in das Wort des Psalms 139,5 einmünden: *„Von allen Seiten umgibst du mich"* (Luther) oder nach der ökumenischen Übersetzung: *„Du umschließt mich von allen Seiten."*

2/2: MEIN LEIB ALS KREUZ: DER UNTERE BALKEN

Hinführung:
Wenden wir uns nun den einzelnen Balken gesondert zu, heute dem „unteren" Balken: Mit ihm steht mein Leib als Kreuz auf der Erde, mein Leben wurzelt in den Tiefen der irdischen Welt. Alles, was mich in meinem Menschsein, in meiner Verbindung mit der Schöpfung, in meiner Verwurzelung in der eigenen Lebensgeschichte kennzeichnet, symbolisiert dieser untere Balken. Ich spüre dem nach, wohin sich die „Wurzeln" meines Lebens erstrecken, woher sie die Nahrung aufnehmen können. Das beginnt bereits im Mutterleib (Woher habe ich in der verborgenen Dunkelheit des Mutterschoßes meine Lebenskräfte empfangen und in

mich eingelassen?) ..., es reicht weiter über meine Kindheit
(Welche Wurzeln sind damals gewachsen und nehmen noch
heute lebendige Nahrung in mein Leben auf?) ... und weiter
bis zum heutigen Tag ... Manche der „Wurzeln" haben ihre
Zeit gehabt, haben mich ernährt und sind dann verkümmert.
Andere haben sich gekräftigt, und durch sie strömen bis
heute noch stetig und meist unbemerkt kostbare Lebenskräfte in mein Leben ein ...

Meditative Besinnung:

Ich danke, daß ich das „Erdreich" bekommen habe, in
dem ich wurzeln darf ..., und ich danke, daß ich die „Wurzeln" in mir habe, durch die ich die mir geschenkte „Nahrung" aufnehmen darf ...

(Sie werden schon gespürt haben, wie wichtig es ist,
die Bilder immer wieder sogleich ins Leben zu übertragen,
in die Wirklichkeit meines konkreten Lebens zu über-
setzen.)

Biblische Meditation:

– *Gott schuf den Menschen zu seinem Bilde* (Gen 1,28).

Gott schuf mich als Menschen mit meinen menschlichen Möglichkeiten und Begrenzungen, mit meinem persönlichen Schicksal und meinem leibhaften Dasein. Ich
nehme mich als Bild Gottes wahr ... und nehme mir Zeit,
dafür zu danken ...

2/3: MEIN LEIB ALS KREUZ: DER OBERE BALKEN

Hinführung:

Heute wollen wir uns dem „oberen Balken" zuwenden.
Wir beschränken uns auf wenig Stoff, damit das, was wir
meditieren, wirklich in uns eindringen kann wie ein warmer
Dauerregen, der das trockene Erdreich nicht nur benetzt,
sondern durchdringt. Meditieren lebt vom Wiederholen und
vom Vertiefen. Deshalb werden auch die verschiedenen

Übungen immer neu aufgenommen und von einem anderen Grundgedanken aus weitergeführt.

Der obere Balken symbolisiert alles, was mich „nach oben" wachsen läßt, was mich über mich selbst hinausträgt.

Meditative Leibübung:

Ich stelle mich wieder gerade und aufrecht hin und spüre diese Haltung als Symbol meiner menschlichen Wirklichkeit: So bin ich – ganz im Menschlichen verwurzelt und doch über mich hinaus, nach oben strebend ... Und ich öffne mich nach oben – atme die Wirklichkeit des Gottesreiches in mich ein und lasse sie durch meinen aufrechten Körper hindurch in diese irdische Wirklichkeit hineinfließen ...

Meditative Übung:

Ich spüre in meinem Leben nach, was der „obere Balken" für mich konkret bedeutet – ich lasse meine Sehnsüchte zu und gebe ihnen Raum, die Begrenzungen zu durchbrechen, die mich nicht durchlassen wollen zum „Himmel", zu „meinem Himmel" ... – zu Gott hin ...

Biblische Meditation:

– Ich meditiere die erste Bitte des Vaterunsers: *„Geheiligt werde dein Name"* ... Ich meditiere mein Leben, wie es vielleicht aussähe, wenn diese Bitte wirklich die erste und zentrale Bitte in meinem Leben wäre ... „Daß in allem Gott verherrlicht werde", ist das Grundanliegen der benediktinischen Lebensweise ...

– Wer es anschaulicher haben möchte, kann die Gleichnisse vom Himmelreich meditieren, die Gleichnisse vom Senfkorn und vom Sauerteig: Mt 13,31–34.

2/4: MEIN LEIB ALS KREUZ: DIE QUERBALKEN – EMPFANGEN UND GEBEN

Hinführung:

Gestern und vorgestern haben wir uns mit dem Vertikalbalken befaßt – nun wenden wir uns wieder dem horizontalen Balken des Kreuzes zu. Die beiden Seiten dieses Balkens, der den Vertikalbalken „durchkreuzt" und ihm gerade dadurch seine Stabilität gibt (siehe S. 45), hatten wir in der vergangenen Woche als den „Vergangenheitsbalken" und den „Zukunftsbalken" ins Auge gefaßt. Heute möchte ich einen Schritt weitergehen und diesen „Balken" als Symbol alles dessen sehen, was als **Polarität** im menschlichen Leben vorhanden ist.

Hier liegt das tiefe Anliegen aller unserer christlichen Mystiker, insbesondere das zentrale Anliegen Meister Eckeharts: Der Mensch, der Gott begegnen will – Gott als dem „Einen", in dem alle Gegensätze in „Eins" zusammenfallen –, kann dies nur tun als einheitlicher, als **ganzer** Mensch. Dazu gehören aber jeweils beide Seiten der Polaritäten, in denen sich menschliches Dasein vorfindet: Weibliches und Männliches, Aktives und Passives, Freude und Schmerz, Tod und Leben usw. Um „ganz" zu werden, muß ich lernen und üben, alle diese polaren Gegensätze in meinem Leben zu bejahen und mehr und mehr zu integrieren.

Ob Ignatius von Loyola die **Indifferenz** anmahnt, die der Mensch auf seinem geistlichen Weg braucht, oder ob Meister Eckehart und mit ihm die Deutsche Mystik von der **Gelassenheit** spricht, die allein zu Gott führt, oder ob es noch auf andere Weise ausgedrückt wird – allen gemeinsam ist das Anliegen: Wenn Gott uns **ganz** will *(ihn lieben „von ganzem Herzen"!)*, dann müssen jeweils **beide** Pole unseres polar strukturierten Daseins in Gott einmünden können; dann darf ich Gott nicht nur in der Freude begegnen, sondern auch im Schmerz, nicht nur dort, wo mir etwas gelingt, sondern auch dort, wo ich versage, nicht nur im Geben, sondern auch

49

im Nehmen, nicht nur in meinen aktiven Komponenten, sondern auch in meinen passiven Möglichkeiten. Oder anders gesagt: Dann darf mich nicht nur der eine Pol, sondern dann muß mich ebenso auch der andere Pol Gott näherbringen können. Nur so kann ich in **allen** Situationen meines Daseins den Weg zu Gott suchen und finden.

Wenn Jesus verheißt, daß derjenige, der um seinetwillen etwas verläßt, das Verlassene „hundertfach" und qualitativ neu geschenkt bekommt – nämlich in der Dimension Gottes, wenn wir daran glaubten und uns an solche Erfahrungen erinnerten –, dann brauchte eigentlich niemand mehr krampfhaft ein bestimmtes Gut oder auch einen bestimmten Pol seines Lebens festzuhalten ... Dann könnte das qualitativ Neue vielleicht gerade in der Ergänzung durch den anderen, durch den Gegenpol bestehen – und uns zu mehr Ganzheit verhelfen ...

Reflexion:

Ich sinne dem nach, welche Polaritäten mein Leben besonders bestimmen, und ich notiere mir einzelne Punkte ... (vgl. dazu unten S. 138f).

Meditative Leibübung:

Ich mache mir bewußt, daß für den normalen Rechtshänder die linke Seite die passive, empfangende Seite ist und die rechte die aktive, gebende Seite. Dann suche ich mir aus den mir wichtigen Polen, die sich gegenseitig bedingen, **ein Paar** heraus und lege alles Passive, Empfangende in meine linke Hand – und alles Aktive, Gebende in meine rechte Hand. So stelle ich mich hin wie eine Waage – und beobachte, ob sich beide Seiten die Waage halten oder ob eine Seite schwerer belastet ist als die andere ... Vielleicht kann ich die „Waage" ein wenig austarieren ...

Meditatives Gebet:

Ich stelle mich bewußt hinein in den „Raum Gottes" (vgl. Übung 1). Ich lasse die Grenzen durchlässig werden, an

50

die mein menschliches **Empfangen** und mein menschliches **Geben,** mein menschliches **Lassen** und mein menschliches **Tun** notgedrungen stoßen. Ich öffne meine linke Hand weit, um mich von Gott beschenken zu lassen – lasse die Gabe durch mich hindurchströmen in meine rechte Hand – die ich mit der Handfläche nach außen zu jemandem hinwenden kann – und ich lasse die Kraft Gottes, die ich links empfange, durch meine rechte Hand weiterströmen zu einem bestimmten Menschen hin oder in ein bestimmtes Anliegen hinein ...

2/5: MEIN LEIB ALS KREUZ: DIE QUERBALKEN – LEBEN UND STERBEN

Hinführung:

Noch einmal wollen wir heute den Querbalken meditieren, und zwar im Blick auf die wohl extremste Polarität unseres Daseins: die Polarität von Leben und Tod. Sie hat ihre Vorläufer in Freude und Leid, in Erfüllung und Leere und vielem anderen mehr. Es gibt Menschen, die suchen die Erlösung aus dieser schmerzhaften Polarität in der Absolutsetzung der jeweils einen Seite: Entweder sie erwarten alles von einem Leben, das das Sterben ausklammert – oder im anderen, selteneren Extremfall suchen sie die Erlösung allein durch den Tod und klammern das Leben damit endgültig aus. (Dazu gehört auch, wenn jemand alles nur schwarz sieht, um sich dadurch vor Enttäuschungen zu bewahren.) Beides ist Folge einer tiefen inneren Unfreiheit – und beide Lösungen bedeuten keine echte „Erlösung".

Vielleicht können wir uns dafür öffnen, daß das Geheimnis wahrer Erlösung gerade nicht im Absolutsetzen einer Seite liegt, was die Ausklammerung der anderen Seite einschließt, sondern daß gelungenes, erlöstes Menschsein nur dort möglich wird, wo **beide** Seiten Erfüllung schenken können – wenn auch in unterschiedlicher Weise. Dann erst werde ich frei von der Angst vor dem Sterben, wenn mich das

Sterben in neues Leben hineinführt, und zwar im großen wie auch im kleinen – und erst dann werde ich ebenso frei von einer falschen Lebenssucht und -gier, wenn ich zu unterscheiden lerne zwischen dem, was wirklich „Leben" schenkt, und den vielen Scheinlösungen, die zwar Leben versprechen, uns aber danach in einer umso tieferen Leere zurücklassen.

Erst wer das Sterben integriert hat, ahnt etwas davon, was wahres, gelungenes Leben sein kann. Danach sehnen wir uns im tiefsten: Wer kennt nicht die leisen Ahnungen in sich, die ihn spüren lassen: *„Leben, wahres Leben, müßte eigentlich mehr sein!"* ... und: *„Mit dem Tod kann und darf doch nicht alles aus sein!"* ... Das Merkwürdige dabei ist, daß sich diese Gedanken aus einem Bereich melden, den unser Verstand vielleicht als unsinnig abqualifiziert – und die sich dennoch einfach nicht total verdrängen lassen ...

Reflexion:
Ich sinne intensiv dem nach, worin sich die Polarität „Leben – Sterben" in meinem Leben in kleiner Münze alltäglich zeigt ... (vgl. dazu unten S. 139f).

Meditative Übung:
- Ich spüre in meinen „Todesbalken" hinein, bis er an seine – menschlich gesehen – unwiderrufliche Grenze stößt ...
- Ich spüre in meinen „Lebensbalken" hinein und verfolge auch ihn bis an seine unwiderrufliche Grenze ...
- Ich ahne die innere Lebenskraft in mir, die mir eine neue Dimension menschlichen Lebens ermöglichen will. Meine tiefste Sehnsucht ist wie ein Pfeil, der von der innersten Mitte meines Lebens her sowohl den „Lebensbalken" als auch den „Todesbalken" durchfliegt und seine Grenzen „durchbricht" ...

2/6: MEIN LEIB ALS KREUZ: DAS HERZ ALS MITTE

Hinführung:
Richten wir nun nach diesen vorangegangenen Übungen unseren Blick wieder auf die Mitte des Kreuzes, auf den Schnittpunkt des vertikalen und des horizontalen Balkens, auf das „Herz". Es gibt einen „Ort" im Menschen, in einem jeden von uns, einen unräumlichen Ort, den unsere christlichen Mystiker mit verschiedenen Bildern zu benennen versuchen. Meister Eckehart spricht vom „Kern" und vom „Seelenfünklein", Johannes Tauler vom „Seelengrund", Teresa von Avila von der „inneren Burg". Und doch stellen alle gemeinsam fest, daß man davon eigentlich überhaupt nicht in Worten oder Bildern sprechen kann. In diesem unbenennbaren „Etwas" ist der Mensch offen für Gott, ja, dort wohnt Gott selbst in ihm. Im Johannesevangelium sagt Jesus: *„Wir werden kommen und Wohnung bei ihm nehmen"* (Joh 14,23).

Es ist dieser „Ort", den das **Symbol des Herzens** umschreibt, weil es der **Ort der Liebe** in uns ist, einer Liebe, in der sich Gottes Liebe im menschlichen Herzen spiegeln kann, ja, die letztlich Gott selbst ist (1 Joh 4,16). Denn dieses „Spiegelbild" ist mehr als ein einfaches Bild im Spiegel. Nach Meister Eckehart trägt es gnadenhaft Wirklichkeit in sich. Dieser Meister kann sagen: *„Alle Bewegung, durch die wir zur Liebe bewegt werden, in der bewegt uns nichts anderes als der Heilige Geist."*

Dieser „Gott in uns" spiegelt den „Gott außer uns", den heiligen Gott, wie er das Weltall erfüllt und uns umgibt und umschließt (im Bildschema das äußere Oval). Und „Gott in uns" sucht, strebt ständig nach dem Gott, der uns umgibt und begegnet. „Gott sucht Gott": Gott in uns sucht und findet durch seine eigene Liebe Gott in allem, was ist.

Und deshalb strömt diese Liebe aus: Sie strömt zu allen vier „Horizonten" meines Daseins hin: „nach unten", bis sie Gott in seinen irdischen Fußspuren findet – sie strömt „nach oben", bis sie den irdischen Himmel durchbricht, um darin den „Himmel Gottes" zu finden. Weil sie wahre Liebe ist, findet sie in allen Polaritäten des Lebens Spuren des Geliebten ... Denn Christus ist auf seinem Kreuzweg in alle diese Dimensionen eingegangen – und so ist er überall anwesend ...

Erfahrung:

Ein junger Mensch, der eine tiefe Depression hinter sich hatte, erzählte: *„Als ich ganz unten war und nicht mehr weiterwußte – plötzlich war Er dort! Und ich fragte ihn ganz verwundert: ‚Was hast du denn hier zu suchen? Hier in diese Dunkelheit gehörst du doch gar nicht hin.' Aber er war da und blieb da!"* ...

Biblische Meditation:

Vielleicht helfen uns diese Gedanken, ein wenig neu zu begreifen, wie ein Mann wie der Apostel Paulus schreiben kann: *„Wir wissen aber, daß denen, die Gott lieben, alle Dinge zum Besten dienen"* (Röm 8,28). Ich meditiere dieses Bibelwort – indem ich **alle Dinge,** die sich für mich in den vier Kreuzesbalken symbolisiert haben, als Kanäle sehe, durch welche die Liebe meines Herzens zu Gott hin durchstoßen kann ... und durch welche die Liebe Gottes mein Herz erreicht ...

Meditative Übung:

Ich lasse die Liebe strömen zwischen dem Gott, der mich umgibt, und dem Gott, wie er in der Tiefe meines Herzens in der Liebe gegenwärtig ist ... Dieser Liebesstrom ist nach der Väterlehre der Heilige Geist ...

2/7: MEIN LEIB ALS KREUZ:
WIEDERHOLUNG UND VERTIEFUNG

Hinführung:

In dieser letzten Übung der Woche wollen wir wieder zurückschauen auf das, was uns in dieser Woche wichtig geworden ist. Dazu biete ich Ihnen das Bildschema des ovalen Radkreuzes an (siehe S. 43).

Bildmeditation:

Lassen Sie wieder die Formen des Bildschemas auf sich wirken – und tasten Sie noch einmal zurück, wie es Ihnen in der vergangenen Woche ergangen ist ... Vielleicht haben Sie Lust dazu, das Bildschema zu Ihrem eigenen Bild zu machen durch eigene Farben und kurze Stichworte, die Ihnen die Gesamtwoche noch einmal im wahren Sinne des Wortes „vor Augen führt" ...

Dritte Übungswoche

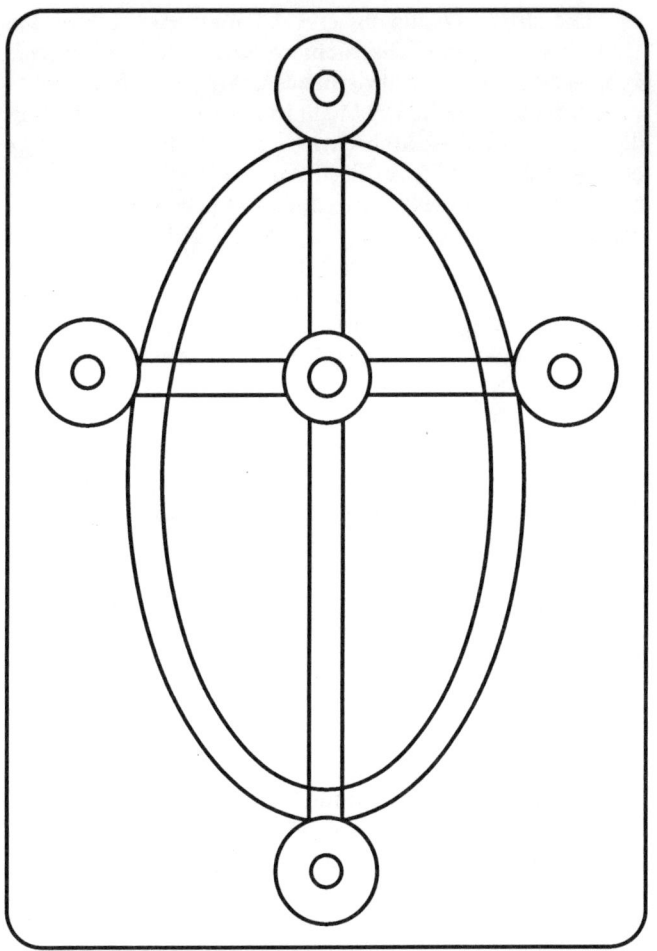

Kreuz mit Blüten

Einführung in die dritte Übungswoche

Das Kreuz als Symbol:
Die dritte Woche unseres Übungsweges bildet den Übergang von der allgemeinen Kreuzstruktur unseres Lebens zum Kreuz als christliches Ursymbol. Ich erlebte es in mehreren christlichen Meditationsgruppen, daß ich auf die Frage nach spezifisch christlichen Symbolen nur eine einzige Antwort bekam: „das Kreuz". Wir sind als Christen gezeichnet von diesem Kreuz, das unser Leben prägt, seit wir mit ihm bei unserer Taufe bezeichnet wurden. Jeder Segen zeichnet dieses Kreuzzeichen nach – und wenn wir uns selbst damit bezeichnen (was für Martin Luther noch eine Selbstverständlichkeit war), dann vertiefen wir dieses Wissen und nehmen es bewußt in die Wirklichkeit unseres Lebens auf.

Bereits in neutestamentlicher Zeit ist das Kreuz, an dem Jesus Christus gestorben ist, zu einem symbolischen Zeichen für die Christen geworden. Wenn es im Lukasevangelium heißt: „*Wer mir nachfolgen will, nehme täglich sein Kreuz auf sich und folge mir nach*" (Lk 9,23), dann zeigt das bereits, daß das Kreuz zum Symbol geworden ist. Das gleiche wird deutlich, wenn der Apostel Paulus vom „*Mitgekreuzigtwerden*" des Christen mit Christus spricht. Das steht bei ihm aber bereits in einem unauflöslichen Zusammenhang mit dem „*Mitauferstehen*" mit Christus, das auf das „*Mitleiden*" folgt (vgl. Röm 6,3–11).

Das Kreuz als Zeichen für Karfreitag *und* Ostern:
Das zeigt: Das Kreuz als Symbol der Christen schließt mehr in sich als das Geschehen auf Golgota. Es ist auch das leere Kreuz, das den Auferstandenen repräsentiert. Und es wird sehr bald in der Frömmigkeit und in der Kunst zum **Lebensbaum**, der den Fluch des Todesbaumes im Paradies überwindet, es wird zum lebendigen Baum, aus dem wahres Leben erwächst.

Diese Botschaft führt uns in die Mitte unseres christlichen Glaubens hinein: Nachdem die ersten Menschen schuldig geworden waren, hatte Gott sie aus dem Paradies verwiesen, damit der Mensch *„nur nicht ausstrecke seine Hand und breche auch von dem Baum des Lebens und esse und lebe ewiglich"* (Gen 3,22). So wurde es in diesen mythologischen Bildern von Generation zu Generation weitergegeben: Mit dem Ausstoß aus dem Paradies war dem Menschen die Tür zum wahren Leben verschlossen worden – aber durch Jesus Christus wurde uns dieses Tor wieder geöffnet. Durch die Menschwerdung Jesu geschah dieses Wunder: *„Heut schließt er wieder auf das Tor zum schönen Paradeis – der Cherub steht nicht mehr davor, Gott sei Lob, Ehr und Preis"* (Martin Luther). Das neue Leben, das aus dem Tod wächst, vollendet sich am Stamm des Kreuzes, das sich – der alten Überlieferung zufolge – über dem Grab Adams erhob. Hier liegt der enge Zusammenhang zwischen dem Baum des Todes, der den ersten Menschen im Paradies zum Verderben wurde, und dem neuen „Baum des Kreuzes", diesem wahren „Baum des Lebens", der dem Menschen Rettung bringt ... So wird das Kreuz oft als blühender Baum gesehen und dargestellt, an dem die Frucht des wahren, unzerstörbaren Lebens reift.

Das Kreuz als lebendiger Blütenbaum:

Dieser lebendige, blühende Kreuzbaum soll uns nun durch diese dritte Woche begleiten – und zwar im Betrachten eines Bildes aus der mittelalterlichen Kunst. Das umseitige Bild kann zur Meditation jederzeit vor Augen gestellt werden.

Dieses Bild ist mir im Lauf der letzten Jahre sehr kostbar geworden, und ich habe es in manchen Kursen verwendet. Manche spricht das Bild spontan an, andere werden sich lange hineinschauen müssen, bis das Bild für sie zu sprechen beginnt. Bitte versuchen Sie, wenn es Ihnen möglich ist, anfängliche Widerstände gegen diese Darstellung zu ertragen und zu warten, ob sich vielleicht gerade für Sie etwas Wich-

Blühender Kreuzbaum

tiges dabei enthüllt ...[15] Solch ein Bild kann Verkündigung in dichtester Form sein – wenn wir es vermögen, auf die Botschaft der Komposition und der Symbole und der darin ausgesagten tiefen und doch so einfachen Wahrheiten zu achten. (Erfahrungen mit dem Bild auf S. 146ff.)

Entscheidend ist bei jeder Bildmeditation, daß mir das Bild zum Spiegel meines Lebens wird. Das geschieht nicht auf den ersten Blick, sondern indem ich mich immer wieder treu und geduldig der Botschaft des Bildes aussetze. Das wollen wir in dieser Woche miteinander üben.

3/1: ICH LASSE MICH PRÄGEN VON DER DYNAMIK DES LEBENDIGEN KREUZES: DAS KREUZ ALS BLÜHENDER LEBENSBAUM

Hinführung:

Es kann nicht oft genug gesagt werden: Immer kommt es bei einer Bildmeditation darauf an, daß ich mich auf das Bild schauend einlasse, eine geraume Zeit davor verweile, damit das Bild etwas mit mir machen kann und ich damit selbst „ins Bild komme", wie unsere tiefgründige Redensart sagt ...

Das gilt auch für jedes echte Kunstwerk. **Künstlerische Bilder** sind Formen der Verkündigung, die nicht in Worten geschieht. Ein solches Bild kann mir durch mein meditatives Mich-Öffnen eine Botschaft vermitteln, die der Künstler in der meditativen Schicht seines Wesens empfangen und künstlerisch dargestellt hat. Echte Kunst und Meditation sind untrennbar miteinander verbunden. Und alles, was aus echter Meditation gewachsen ist, kann auch wieder in die Meditation hineinziehen. Wichtig und richtig ist dabei immer gerade das für Sie, was **Sie** an dem Bild anspricht, wenn Sie still davor verweilen.

Bildmeditation:

Wenn künstlerische Bilder mit geistlichem Inhalt Formen der Verkündigung ohne Worte sind, dann gilt es, der Botschaft dieser Bilder zu lauschen, wie sie sich ausspricht:

– *in der Gesamtkomposition,*
– *in den einzelnen Formen und Gestalten,*
– *in Licht und Dunkel ...*

Sie können zuerst die Gesamtgestaltung des Bildes auf sich wirken lassen – dem Aufbau von außen nach innen oder von innen nach außen nachspüren – dann die vier verschiedenen Ebenen in ihrer Bedeutung wahrnehmen – und schließlich die einzelnen symbolischen Formen auf sich wirken lassen ...

Manchem helfen auch ein paar formulierte Sätze, die ihn aus dem Bild ansprechen, wie z. B. „Das Kreuz verbindet Himmel und Erde ..." – „Das Kreuz läßt die Bäume nicht in den Himmel wachsen ..." – „Das Kreuz steht zwischen Tod und Leben" ... usw. Was bedeutet das für mich? ...

3/2: ICH LASSE MICH PRÄGEN VON DER DYNAMIK DES LEBENDIGEN KREUZES: DIE BLÜTEN

Hinführung:

Immer wieder taucht in alten Legenden das Bild auf, daß ein totes Holz in die Erde gelegt oder gepflanzt wird, und eines Tages beginnt es auszutreiben und zu blühen. Und immer sehen die Menschen darin das Zeichen einer großen und tiefen Verheißung. Es scheint also auch hier ein archetypisches „Bild" angesprochen zu sein, das tief in unserer Seele verborgen liegt: Totes kann wieder lebendig werden ...

Lebensmeditation:

Ich lasse das Bild eines scheinbar toten Zweiges tief in mich einsinken – erlebe, wie er eines Tages zu treiben beginnt, Knospen ausbildet, Blätter bilden sich – und schließlich beginnt der Zweig zu blühen ... Ich lausche in mich hinein, ob dieses Bild in mir etwas anspricht ... eine Sehnsucht? ... oder eine Erfahrung eines Erlebens, das durch dieses mythische Bild vielleicht gedeutet werden könnte? ... Paul Tillich ist der festen Meinung, daß Urfragen des Lebens ihre Antwort allein in mythischen Bildern finden können ...[16]

Bildmeditation:
- Ich schaue die fünf Blüten an und meditiere eine solche Blüte ... Was macht das Wesen einer Blüte aus? ... Wovon ist eine Blüte abhängig? ... Worauf ist sie ausgerichtet? ...[17]
- Ich lasse das Bildthema auf mich wirken: Ein Kreuz, das blüht; ein Kreuz, das fünf eindrucksvolle geöffnete Blüten getrieben hat ...

3/3: ICH LASSE MICH PRÄGEN VON DER DYNAMIK DES LEBENDIGEN KREUZES: DIE EBENE DER ERDVERWURZELUNG

Hinführung:
Unser Bild ist in vier deutlich abgegrenzte Zonen aufgeteilt: Der unterste Bereich zeigt das Erdreich – und zwar in seiner Fülle mit Pflanzen und Tieren als wunderbare Schöpfung Gottes. Auf diesem Grund erhebt sich das Kreuz majestätisch bis in den Bereich des Himmels hinein. Wo wir die Wurzeln vermuten, entfaltet sich die „Erdblüte" und enthüllt gewissermaßen eine neue Dimension der Wurzeln ...

Immer hängt die persönliche Struktur eines Menschen auch mit seinen „Wurzeln" zusammen, aus diesen Wurzeln wächst er in alle seine Dimensionen hinein – in die Höhe, in die Breite und in die Tiefe, also in seine „Kreuzstruktur". Deshalb ist die Sicht der Wurzeln so wichtig für unser Leben.[18]

Auch wenn wir das „Kreuz unseres Lebens" in seinem gebräuchlichen Sinne verstehen als das persönliche leidvolle

Lebensschicksal, auch dann ist die emotionale Belastung, die mein „Kreuz" für mich entfaltet, zutiefst bestimmt durch Wunden, Schmerzen und andere Erfahrungen der frühen Kindheit – es erwächst also auch in diesem Sinne ganz aus dem „Erdreich" und aus den „Wurzeln" meines persönlichen Lebens ...

Und nun stellt der Künstler sein Kreuz auf eine Blüte – aus der Blüte des Erdreiches ersteht das Kreuz ... Wo finde ich diese Blüte in meinem Leben – darum kreisen die heutigen Meditationen ...

Meditative Leibübung:

Ich bezeichne mich ganz bewußt und so langsam wie möglich mit dem Zeichen des Kreuzes, das mich ganz umspannt: von der Stirn bis zum Herzen, von der linken Schulter bis zur rechten ... Ich lasse das Kreuz mich weiter durchwachsen bis in die Füße hinein ...

Bildmeditation:

– Ich betrachte meditierend den unteren Bereich des Bildes ... Ich komme selbst ins Bild dem irdischen Mutterboden, mit **meinem** Mutterboden, in dem mein Leben wurzelt ... Und dort darf ich zuerst einmal auf die Suche gehen, wo denn in meinem Mutter-Boden (das Wort selbst kann ich meditieren!) „Blumen" blühen und „Ähren" reifen, so daß die kleinen lebendigen Wesen sich dort heimisch fühlen können ...

– Und dann sehe ich aus diesem Boden auch mein „Kreuz" aufwachsen ... Ich nehme auch die Wunden und Schmerzen wahr, aus welchen mein Kreuz aufwächst ...

– Und schließlich bitte ich darum, daß dort, wo mein „Kreuz" aus meinem Erdreich aufwächst, auch meine „Erdblüte" knospen, schwellen – und sich zur Blüte öffnen möge ...

Existenzmeditation:
- Ich mache mir einen konkreten Schmerz meines augenblicklichen Daseins bewußt, unter dem ich leide ...
- Ich versuche, die frühere Verwundung zu erspüren, durch welche dieser Schmerz emotional besonders tief belastet wird ...
- Ich nehme im Glauben wahr, daß mich Gott selbst gerade an diesem „Ort" meines Lebens erwartet ...
- Ich spüre, wie sich im Licht dieser „Sonne" eine kleine Knospe bildet, ich lasse sie wachsen, schwellen, bis sie sich vielleicht auch in mir zur Blüte öffnet ...

3/4: ICH LASSE MICH PRÄGEN VON DER DYNAMIK DES LEBENDIGEN KREUZES: DIE EBENE DES TODES- UND LEBENSBAUMES

Hinführung:

Der zweitunterste Bereich wird bestimmt durch die beiden Bäume, die aus dem Erdreich aufwachsen. Sie können nicht „in den Himmel wachsen", weil sich ihnen der Querbalken des Kreuzes in den Weg stellt. So neigen sie sich zur Mitte des Kreuzes hin. Es handelt sich wieder um die beiden Paradiesesbäume, um den Todes- und den Lebensbaum aus der Paradieserzählung (Gen 3).

Wir sehen auf der rechten Bildseite den **Todesbaum:** den Baum, von dem die Ureltern der Menschen mit der verbotenen Frucht den Tod aßen. Auf der linken Bildseite steht der **Lebensbaum.** Das verdeutlichen die beiden **Schlingpflanzen,** die sich um die Bäume ranken: Der Efeu um den rechten Baum (Efeu ist die Todespflanze) windet sich linksläufig, in Richtung des absteigenden Lichtes – d. h. in tödlicher Richtung. Dagegen winden sich die Weinreben um den linken Baum rechtsläufig, in der Richtung der Sonnenbahn, also in der Lebensrichtung (der Wein ist das Symbol des Lebens).[19]

Symbol-Bildmeditation:

– Es gibt etwas in mir, was dem Leben – und es gibt etwas in mir, was dem Tod entgegenwächst ... (Psychologen sprechen sogar von einem Lebenstrieb und von einem Todestrieb des Menschen). Ich spüre in mir dem nach ... Und ich meditiere die beiden Bäume unseres Bildes als Spiegelbild der Lebens- und Todeskraft, des Lebens- und des Todeswillens, die ich in mir trage ...

– Ich meditiere die Spitzen beider Bäume, die sich zur Mitte des Kreuzes hinneigen: Was in mir leben möchte, wird gestoppt, es kann nicht einfach geradlinig weiterwachsen – es findet sein Ziel nicht im Himmel, sondern „im Herzen des Kreuzes" ... – um dort verwandelt zu werden zum wahren, bleibenden Leben ...

– Was in mir auf den Tod zustrebt, kann sich ebensowenig geradlinig entfalten, sondern wird ebenso gestoppt. Es wird zurückgedrängt, gegen seine eigentliche Wachstumsrichtung, um in dieser Gegenläufigkeit (der Todesrichtung) gerade die gleiche Mitte des Kreuzes zu erreichen wie der Lebensbaum ... Auch dieser Bereich meines Lebens wächst auf die Verwandlung zu – auf Verwandlung in wahres, unzerstörbares Leben ...

Leibmeditation:

– Ich fühle mich zuerst als Erdreich, aus dem der Todesbaum erwächst – ich werde zu diesem Baum, in dem alle meine Lebensangst, alle meine Lebensverneinung, alle Sehnsucht nach irgendeinem Ende, nach irgendeinem Nichtsein Gestalt gewinnt ... und ich spüre, wie dieser Baum an seine Wachstumsgrenze stößt – und ich lasse ihn sich demütig neigen, hin zur Mitte des Kreuzes, wo Verwandlung geschieht ... – und ich vollziehe diese Geste mit meinem Leib ...

– Und dann werde ich zum Erdreich, aus dem der Lebensbaum wächst – ich werde zu diesem Baum, in dem sich alle Lebenskraft, alle Lebensbejahung und aller Lebenswille vereinigt ... und ich spüre, wie auch dieser Baum

66

an seine Wachstumsgrenze stößt – und lasse auch ihn sich hinneigen zur Mitte des Kreuzes, zum Ort der Verwandlung – und ich vollziehe diese Geste mit meinem Leib ...

3/5: ICH LASSE MICH PRÄGEN VON DER DYNAMIK DES LEBENDIGEN KREUZES: DIE EBENE DES QUERBALKENS

Hinführung:
Auf unserem Bild besteht die dritte Ebene von unten aus dem Querbalken des Kreuzes. Er trennt den irdischen Bereich vom himmlischen Bereich über ihm – und fügt merkwürdigerweise gerade dadurch diese beiden Bereiche organisch zusammen ... Viel näher als beim vertikalen Balken sind hier die Blüten der beiderseitigen begrenzenden Durchlässigkeit an der Blüte der Mitte ...

Meditative Vorausbesinnung:
Noch einmal spüre ich dem nach, daß nur der waagrechte Querbalken den senkrechten Balken im Gleichgewicht, in seiner aufrechten Stellung hält ...

Meditative Besinnung:
– So vieles gibt es, was unser Leben „durchkreuzt". Ich sehe etwas ganz Konkretes vor Augen – ein Hindernis, das meinen geraden Weg stoppt und meinen Lebenswillen zu durchkreuzen scheint – und das damit meinen Lebensbaum am geraden Wachstum „nach oben" hindert ... – Oder anders gesehen: Ich nehme etwas wahr, was mir Leben abschneidet, was mich frustriert – und mich anscheinend „*des Todes sterben läßt*" (Gen 3,3) ...
– Ich sehe das, was mein Leben durchkreuzt, im Symbol des Kreuz-Querbalkens, der – von meiner irdischen Sicht her – meine Lebenschancen abblockt und den

67

irdischen Bereich vom himmlischen abschneidet – und ich fühle mich ein in den Kreuzesbalken, der gleichzeitig zum tragenden Grund für den himmlischen Bereich wird ...

– Ich fühle mich ein in einen Baum, der nicht starr nach oben weiterzuwachsen versucht, sondern sich der Mitte, der Liebe zuneigt – und dem sich an diesem Ort der Zugang zum himmlischen Bereich öffnet ... – (Wenn ich das Gefühl habe, durch das Meditieren nur eines Baumes innerlich im Ungleichgewicht zu sein, sollte ich den anderen Baum dann in ähnlicher Weise meditieren ...)

Meditatives Gebet:

Ich stehe in meiner Kreuzform vor Gott – und spüre die Blüte meiner Mitte als Ort, der durchlässig ist zwischen irdischem und himmlischem Bereich ... Ich halte sie geöffnet vor Gott hin und warte bittend ohne Worte, ob mein „Querbalken" nach einiger Zeit zum tragenden Grund des himmlischen Bereiches wird, ob er Knospen und Blüten ansetzt ...

3/6: ICH LASSE MICH PRÄGEN VON DER DYNAMIK DES LEBENDIGEN KREUZES: DIE EBENE DES HIMMELSBEREICHES

Hinführung:

Die oberste Ebene des Bildes führt uns in den himmlischen Bereich. Das Kreuz ragt bis in den Himmel hinein. Die Sterne machen das ebenso deutlich wie die Inschrift: **Jesus Christus siegt** (die Buchstaben sind Kürzel). Das ist eine Aussage aus der Sicht des „Himmels" – und macht gleichzeitig deutlich, daß dieser „Himmel" mehr ist als das sichtbare Firmament.

Unser Leben berührt in besonders begnadeten Stunden manchmal den „Himmel". *„Der Himmel geht über allen* *auf ...*" wird oft mit großer Begeisterung gesungen. Dieses Bildsymbol des geöffneten Himmels, wie ihn Jakob in seinem Traum vor sich sah (Gen 28,10ff), wie er Natanaël verheißen wird (Joh 1,51), wie ihn Jesus bei seiner Taufe am Jordan erlebte (Mt 3,16), spricht tiefe Schichten in uns an – vielleicht als kurz aufgeleuchtete Erfahrung, vielleicht als Sehnsucht. Es gibt Augenblicke, in denen ein Mensch das Gefühl haben kann, der „Himmel sei über ihm geöffnet". Und dann erlebt es jeder besonders schmerzlich, wenn sich – wie es ja in unserem irdischen Dasein noch sein muß – dieser „geöffnete Himmel" plötzlich wieder schließt. Und wir stehen darunter voller Schmerz und Ohnmacht, denn wir haben keine Möglichkeit, von uns aus den Himmel wieder neu zu öffnen ...

Und genau an diesem Ort blüht unser Kreuz – öffnet sich eine große Blüte dem Himmel entgegen ...

Bildmeditation:

Ich schaue die schematisch dargestellten Sterne an: Jeder Stern hat seinen Mittelpunkt, von dem kleine Strahlen ausgehen ... Sterne kommen mir manchmal vor wie kleine Gucklöcher in den Himmel hinein ... Vielleicht vermag ich die „Sterne" an meinem Lebenshimmel im Schauen auf diese Sterne des Bildes in den Blick zu bekommen ... Wie wären sie bei mir angeordnet, verteilt? ... Welche Größenordnung haben die „Sterne meines Lebens"? ...

Existenzmeditation:

– Ich erinnere mich an einen vielleicht ganz kurzen Augenblick meines Lebens, in dem ich das Gefühl hatte, der Himmel über mir habe sich geöffnet ... und ich erinnere mich auch daran, wie sich dieser Himmel für mich wieder „verschloß" ... Ich schaue meine Gefühle an, die sich damals damit verbanden ...

– Ich nehme die Sehnsucht wahr, die mich seitdem begleitet – verborgen oder offen – und lasse sie nach oben strömen, bis an die „verschlossene Himmelstür" ...

– Ich spüre, wie meine Sehnsucht vielleicht dort eine kleine Knospe wachsen läßt, die schwillt und sich schließlich als große Blüte der Sonne öffnet ...

Atemmeditation:
Ich fühle mich hinein in meine „Sehnsuchtsblüte", die zum Himmel hin geöffnet ist – und nehme beim Einatmen die Sonne in mich auf, um sie beim Ausatmen in mein Herz strömen zu lassen ...

3/7: ICH LASSE MICH PRÄGEN VON DER DYNAMIK DES LEBENDIGEN KREUZES: WIEDERHOLUNG UND VERTIEFUNG

Im Schauen auf das blühende Kreuz kann ich noch einmal die vergangene Woche an mir vorüberziehen lassen und an den Stellen verweilen, wo ich mich besonders tief angesprochen (oder auch einen besonderen Widerstand) gefühlt habe ...

Vielleicht gestalte ich das Kreuzschema neu für mich, wie es meinem eigenen Weg entspricht ...

Vierte Übungswoche

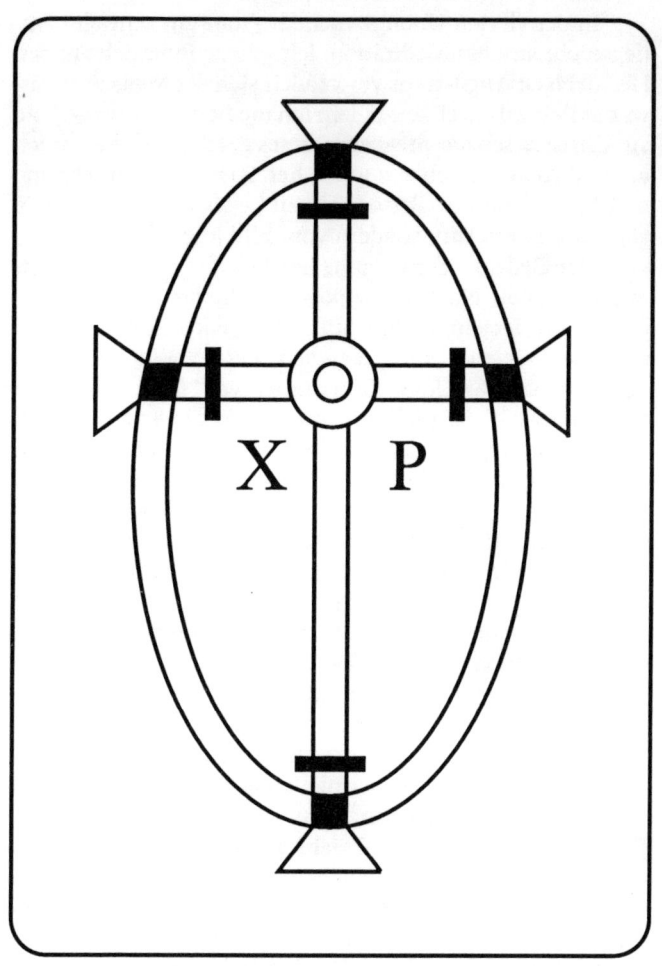

Jesus, dessen Leben durch die Kreuzgestalt geprägt ist

Einführung in die vierte Übungswoche

Mich prägen lassen von Christus:

In der vierten Übungswoche beginnt ein zentrales Anliegen christlicher Meditation: Ich schaue innerlich auf den Herrn. Nach Augustinus verwandelt sich der Mensch in das, was er liebend anschaut. Indem ich meditierend, verweilend auf Christus schaue, prägt sich dieses geschaute Bild in mich ein und „prägt" mich von innen her. So werde ich mehr und mehr eine „geprägte Persönlichkeit" – aber nicht irgendwie geprägt und geformt, sondern vom Bild Jesu Christi.

Der Gedanke der Prägung (griechisch „typos") stammt aus der Bibel: Nach der Apostelgeschichte (7,44) bauten bereits die Israeliten ihre Stiftshütte nach „*dem Vorbild (= typos), welches Mose ‚gesehen' hatte*". Wir alle sollen „*gesinnt sein, wie Jesus Christus es war*" (Phil 2,5), damit wir in dieser Weise mehr und mehr zum geprägten und prägenden Vorbild für andere werden können. Paulus nimmt für sich in Anspruch: „*Wir wollten uns selbst euch zum Vorbild (= typos) geben, damit ihr uns nachfolgt*" (2 Thess 3,9). Das gilt nicht nur für Paulus: „*So wurdet ihr ein Vorbild für alle Gläubigen in Mazedonien und Achaia*", schreibt Paulus an die Christen in Thessalonich (1 Thess 1,7).

Es ist nicht gut, wenn unser Glaube nur etwas uns von außen „Angeheftetes", etwas „Angelerntes" ist, sondern er soll uns von innen her durchdringen. Er sollte sich so mit uns verbinden, daß wir ohne Zwischenschaltung des Verstandes spüren, denken und tun, was **„christusgemäß"** ist …

Ich bringe gern das Beispiel eines Autofahrers, der erst dann wirklich fahren **kann,** wenn der Fuß von selbst auf die Bremse tritt, sobald eine Gefahr auftaucht – ohne daß erst eine Überlegung des Verstandes zwischengeschaltet werden müßte. Ich selbst erlebte das Gemeinte einmal sehr eindrücklich, als mich jemand gefragt hatte, wo die Gänge in unserem Auto lägen. Nachdem ich es überlegt und ihm gesagt hatte, war die unbewußte Steuerung gestört, und ich wußte spontan beim nächsten Anfahren nicht mehr, wo der erste Gang lag – nachdem ich bereits über zehn Jahre in diesem Auto gefahren war.

Worum es geht, ist wohl auch für einen Nicht-Autofahrer deutlich geworden: Daß wir mehr und mehr in eine so enge Verbindung mit Jesus Christus kommen, daß wir spontan und unmittelbar in seinem Sinne handeln und entscheiden, ohne erst lange überlegen zu müssen, was in diesem Falle „christusgemäß" ist. Das ist natürlich ein Weg, der aus unendlich vielen einzelnen Schritten besteht. Wir sind damit während unseres Lebens nie am Ziel – aber die einzelnen Schritte tun wir dort, wo wir regelmäßig meditierend auf den Herrn schauen, bis sein Bild sich uns einprägt, wie sich die Sonne dem Auge einprägt, das in die Sonne schaut. Meister Eckehart bringt dieses Beispiel: *„Recht, wie wenn ein Mensch die Sonne lange ansähe: was er danach ansähe, darin erschiene das Bild der Sonne."*[20]

Die Kreuzgestalt Jesu Christi:

In diesem Schauen auf den Herrn geht es nun in der Thematik unseres Briefkurses speziell um **Kreuz und Erlösung**. Ich gehe von einer These aus: Wenn jeder Mensch schon in seiner leib-seelischen Struktur eine archetypische Kreuzform aufweist (siehe S. 43ff.), dann müßte das an Jesus Christus, diesem einzigartig vollkommenen Menschen, besonders deutlich aufleuchten. So möchte ich hier von dem Ansatz ausgehen, daß Jesus Christus in seinem Menschsein die Kreuzstruktur gelebt hat. Sein Leben war durch diese Kreuzstruktur „geordnet und ganz". Künstler haben immer wieder bereits über der Krippe Jesu das Kreuz sichtbar werden lassen. Das **„Für euch"** und das **„Mit euch"** des Kreuzes Jesu in Passion und Auferstehung waren nur der End- und Zielpunkt seines gesamten Lebens: das symbolhafte Sichtbarwerden dieser inneren Struktur, die ihm als wahrem Menschen eignete – besser und vollkommener, als das in jedem anderen Menschen möglich geworden ist.

Diesem Thema kann man sich gewiß von unterschiedlichen Seiten her nähern. Für mich ergab sich ein Ansatzpunkt bei der Versuchungsgeschichte Jesu nach dem Lukas-evangelium (Lk 4,1–13): Dort setzt der Satan an und versucht, bereits vor Beginn des Wirkens Jesu, ihn in dieser kostbaren Struktur seines Lebens zu zerstören, um damit die gesamte Struktur seines Heilswerkes zu vernichten.[21] Am Ende dieses Lebens, in der „Stunde der Finsternis" (Lk 22,53), entfaltet dann die Macht der Finsternis noch einmal ihre volle zerstörerische Gewalt und tritt vor aller Augen ans Licht.

Es wird sichtbar, was der Versucher bezweckt: Er möchte den Kreis um Jesus, den Kreis, der das „Kreuz seines Lebens" schützend und bergend umgibt, zur undurchlässigen Mauer machen. Solche Mauern sind ja Schutz, aber auch Grenzen oder gar Gefängnis. Wenn Grenzen nicht mehr durchlässig sind, wenn es keine Übergänge mehr gibt, dann ist der Mensch eingeschlossen – gefangen und eingesperrt. Und wenn es sich nicht nur um Grenzen handelt, die ein Land von der Außenwelt abschließen, sondern um einen befestigten Ring, der unser irdisch-menschliches Dasein von seinen Quellen und von seinem tiefsten Ziel abtrennt – wenn die Erde vom Himmel, der Mensch von Gott abgeschnitten wird, dann hat der Widersacher Gottes sein Ziel erreicht!

Von dieser Sicht her wurde es für mich immer deutlicher: Mußte nicht die Erlösung, die Christus uns geschenkt hat, auch darin bestehen, daß er gegen die Mächte der Finsternis diese Begrenzung nach allen Seiten hin durchbrochen hat? Wir könnten es so sehen:

– Christus durchbrach die Begrenzung des „Lebensbalkens" nach rechts, um den Weg zum eigentlichen, wahren Leben zu öffnen: *„Nicht vom Brot allein lebt der Mensch."*

– Christus durchbrach die Begrenzung des „Himmelsbalkens" nach oben, damit der Mensch durch den irdischen „Himmel" hindurch zum „Himmel Gottes" offen sei: *„Du sollst dem Herrn, deinem Gott, huldigen und ihm allein dienen."*

– Christus durchbrach die Begrenzung des „Todes-balkens" nach links, damit er selbst Weg zum neuen Leben werde: *„Du sollst Gott, deinen Herrn, nicht versuchen."*

– Christus durchbrach die Begrenzung des „Erdbalkens" nach unten, um in die Unterwelt den Ostersieg hineinzutragen: *„Vater, in deine Hände empfehle ich meinen Geist."*

Der Versucher setzt jeweils bei einem der Balken an und bewegt sich in linksläufiger Richtung vorwärts – in der Richtung des Todes, wie wir es schon bei der Meditation des blühenden Kreuzes sahen. Aber Jesus widersteht diesem Sog – und so wird am Kreuz nicht nur die Macht der Finsternis sichtbar, sondern in Korrespondenz dazu ebenso die Macht Gottes und des Lichtes, wo *„Jesus siegt"*, wie unsere kirchliche Sprache sagt. Im harten Ringen um die Überwindung dieser zerstörerischen Potenzen vernichtet er diese am Kreuz nicht, sondern er stellt sie in seinen Dienst.

Und was bedeutet das für uns? Im meditierenden Schauen dieser Mysterien werden wir selbst in diese einbezogen. So kommt das „Für euch" und das „Mit euch" Jesu Christi in unserem Leben an, um es von innen her zu durchdringen.

So wollen wir in den ersten beiden Einheiten dieser Übungswoche das Menschsein Jesu in seinem „Ausgespanntsein zwischen Himmel und Erde", wie es jedem Menschen eigen ist, meditieren, um dann in den weiteren Übungseinheiten die vier „Kreuzesbalken" gesondert anzuschauen – so wie sie sich im Leben Jesu dargestellt haben und wie er mit ihnen umgegangen ist.

4/1: JESUS CHRISTUS – WAHRER MENSCH FÜR UNS

Hinführung:

Jesus Christus war „wahrer Mensch". Das bezeugt unser Glaubensbekenntnis, und darum kämpften die frühen Christen einen harten Kampf gegen die Gnostiker. Diese meinten, weil Gott nicht „leiden" könne, habe Christus nur einen Scheinleib angenommen. Der erste Johannesbrief gibt uns noch einen Einblick in dieses Ringen: *„Ein jeder Geist, der bekennt, daß Jesus Christus in das Fleisch gekommen ist, der ist von Gott"* (1 Joh 4,2).

Deshalb bringen zwei unserer Evangelisten, Matthäus und Lukas, ausführlich den Stammbaum Jesu, das Zeichen seiner menschlichen Herkunft und Wurzeln. Bei Lukas endet die Aufzählung der Vorfahren Jesu lapidar mit der Feststellung: *„... der war ein Sohn Adams, der war Gottes"* (Lk 3,38). Immer wieder betonen die Evangelien das wahre Menschsein Jesu.

Meditative Vorbesinnung:

Ich lasse das Leben Jesu innerlich an mir vorüberziehen wie eine Dia-Serie – in einzelnen Bildern, die mir seine „Verwurzelung" in der Erde, im Irdischen, im Leiblich-Kreatürlichen besonders deutlich machen. Ich wähle Szenen aus dem Leben Jesu Christi, in der für mich sein wahres Menschsein besonders klar sichtbar wird. Dabei lasse ich jedes dieser Bilder eine Weile vor mir stehen und schaue es an, schaue mich hinein in das jeweilige Geschehen – und beobachte mich selbst dabei, was jedes dieser Bilder in mir auslöst, was es mit mir macht, welches von ihnen mich am spontansten und unmittelbarsten anspricht, vielleicht sogar anspringt ...

Meditative Übung:

Ich wähle das Bild, welches mich am tiefsten berührt hat[22], nehme diese Szene aus dem Leben Jesu in mich auf, indem ich versuche, in aller Ruhe nacheinander innerlich zu **sehen,** zu **hören,** zu **fühlen,** zu **schmecken** und zu **verkosten,** was mir das Bild „vor-stellt". Und dann „komme ich selbst ins Bild", stelle mich selbst hinein, um dann aus dieser unmittelbaren Nähe noch einmal alles mit meinen inneren Sinnen wahrzunehmen. *„Nicht das Vielwissen sättigt die Seele, sondern das innere Schauen und Verkosten der Dinge",* sagt Ignatius von Loyola.

4/2: JESUS CHRISTUS – WAHRER GOTT FÜR UNS

Hinführung:
Aber Jesus Christus war nicht nur wahrer Mensch. Unser Bekenntnis bezeugt ihn gleichzeitig als „wahren Gott".

Das ist für uns viel schwerer zu fassen als sein wahres Menschsein. Vielleicht müssen wir uns zu Beginn deutlich machen, daß mit solch einer Glaubensaussage Erfahrungen beschrieben werden, die Menschen mit Jesus machten – und die sie im nachhinein dann in diese Kurzformel brachten. Mit solchen Formeln ist es immer ähnlich wie mit mathematischen Formeln: Man kann eine Zeitlang damit arbeiten, aber wirklich verstanden habe ich solch eine Formel erst, wenn ich imstande bin, sie selbst neu zu entwickeln. Gewiß hinkt der Vergleich wie alle Vergleiche – aber wir können dennoch nicht auf solche Formeln verzichten. Nur weil ich selbst die Möglichkeit in mir trage, Erfahrungen mit Gott zu machen – weil ich „gottfähig" bin, wie die Väter sagten, deshalb kann ich von meinen eigenen Erfahrungen her ahnen, was in den Menschen vorgegangen sein mag, die das, was sie in Jesus Christus „sahen", dann in die Formel faßten: Jesus Christus war „wahrer Gott".[23]

Meditatives Schauen auf Jesus und auf mein Leben:
Ich fühle mich hinein in einen Menschen des Evangeliums, dem die Heiligkeit, die Besonderheit dieses einzigartigen Menschen Jesus von Nazaret einmal spontan aufgegangen ist. Die Evangelien beschreiben einige solcher Szenen – jeder sollte sich diejenige heraussuchen, die ihn am meisten anspricht. Ich biete Ihnen einige Möglichkeiten zur Wahl an (bitte auf keinen Fall **alles** tun wollen!) – aber besser wäre es, Sie fänden für sich selbst eine eigene, passende Stelle:

– Mt 4,22: *„Sofort verließen sie das Boot und ihren Vater und folgten ihm."* Wie konnten die Fischer so spontan handeln? ... Gibt es ahnungshafte Ansätze in meinem

Leben, die mir erlauben, die Handlungsweise der Jünger
ein Stück zu verstehen? ...

– Mt 7,28f: *„Das Volk entsetzte sich über seine Lehre,
denn er lehrte wie einer, der Macht hat ..."* Was war in
diesen Menschen vorgegangen, was hatten sie erlebt
und erfahren? ... Gibt es ahnungshafte Ansätze in meinem Leben, wo mir ein Wort Jesu oder ein anderes Wort
der Bibel schon einmal „unter die Haut gegangen" ist –
wo ich spürte, daß hier etwas in „Vollmacht" nach mir
greift? ...

– Mt 8,27: *„Die Leute aber verwunderten sich und sprachen: Wer ist dieser, daß selbst die Winde und der See
ihm gehorchen!"* Vermutlich kann ich mich gut ein-
fühlen in das Erleben der Jünger während des Sturmes –
aber was dann erfolgte, gehört nicht zu meinen Normal-
erfahrungen ... Aber vielleicht gibt es doch auch hier
ahnungshafte Ansätze in meinem Leben, wo sich plötzlich „Stürme" gestillt hatten, wo in mir plötzlich eine
tiefe, menschlich nicht erklärbare Ruhe einzog? ...
Wem habe ich solches zu verdanken? ...

– Mt 27,54: *„Als der Hauptmann und die, die mit ihm
Jesus bewachten, das Erdbeben sahen und was geschah, gerieten sie in große Furcht und sagten: Dieser
war in Wahrheit Gottes Sohn!"* Ein Heide, ein Mensch,
der das ganze Grauen der Kreuzigung miterlebt hat,
kommt zu solch einem Schluß ... Vielleicht gibt es doch
manchmal eine leise Erfahrung, daß Gott gerade mitten in der tiefsten Dunkelheit besonders nahe sein
kann – sichtbar und spürbar nahe! ... Auch in meinem
Leben? ...

4/3: JESUS CHRISTUS – SIEGER, DER DIE GRENZE DES IMMANENTEN LEBENS ÜBERWINDET

Hinführung:

Um nun die einzelnen Balken unseres Kreuzes näher anzuschauen, besinnen wir uns auf die Versuchungsgeschichte (Lk 4,1–13) – auf den Ort, wo der Widersacher Gottes in besonders sichtbarer Weise versucht, das Erlösungswerk Christi zu vernichten.

Der Versucher setzt an beim (rechten) „Lebensbalken": „*Hast du Hunger, so sprich, daß diese Steine Brot werden*" (Lk 4,2–4). (Vgl. dazu die Beantwortung der Frage nach dem immanenten Leben S. 154f.) Diese Versuchung wird sich wiederholen: Die Menschen wollen den Messias zum **Brotkönig** machen (Joh 6,15). Daß es eine echte, auch uns heute betreffende Versuchung ist, brauchen wir wohl angesichts des Hungers in der Welt nicht zu betonen! Aber horchen wir dahinter: Was will der Versucher damit erreichen? Er weist Jesus hin auf seine Macht, Brot zu schaffen, um seinen eigenen leiblichen Hunger zu stillen. Doch Jesus stellt diesem so wichtigen Hunger nach lebensnotwendigem Brot einen anderen Hunger gegenüber: Wer Überfülle von „Brot", von irdischen Gütern hat, verliert zu leicht die Sehnsucht nach dem, was wahres Leben ist. Wer *zu* satt ist, für den ist der Kreis, der das Kreuz umgreift, abgeschlossen, an dieser Stelle zugebaut: Wo irdische Gaben zum Selbstzweck werden, verlieren sie ihre Funktion, Hinweis auf Größeres, Hinweis auf Gott selbst zu werden.

Meditative Besinnung:

Wir kennen die Antwort des Herrn, mit der er den Versucher abweist; wo er sich nicht eingrenzen läßt auf eine irdische, bloß materielle Lebenserfüllung: „*Der Mensch lebt nicht vom Brot allein, sondern von jedem Wort, das aus dem Mund Gottes kommt*" (Mt 4,4).

Von der Mitte, vom „Herzen" her bricht sein Wissen um wahres, erfülltes, gelingendes Leben hindurch durch das vordergründige Versprechen des Versuchers. Vom Herzmittelpunkt seines Daseins, von seiner brennenden Liebe zu Gott her, schöpft er diese Antwort. Für ihn ist es fraglos: *„Was nützt es dem Menschen, wenn er die ganze Welt gewinnt – und dabei Schaden nimmt an seiner Seele!"* (Mt 16,26)

Meditatives Schauen auf Jesus:

Ich kann das Leben Jesu anschauen, kann wieder einzelne Bilder auf mich wirken und mich damit von ihnen prägen lassen – Bilder und Szenen, in denen es sichtbar wird, wie frei Jesus war vom „notwendigen" Lebensstandard seiner Zeit und seiner Umgebung ..., Szenen, in denen deutlich wird, daß er wahrhaft nicht *„vom Brot allein"* lebte, sondern aus anderen, tieferen Quellen ...

Lebensmeditation:

Ich setze mich der Wirkung eines dieser Bilder aus, das mich besonders berührt – und schaue in ihm mein eigenes Leben, heute und jetzt, wie in einem Spiegel, der auch Verborgenes offenbart ...[24] Auch ich lebe nicht vom Brot allein ...

4/4: JESUS CHRISTUS – SIEGER, DER DIE ILLUSION DES „ÜBERMENSCHEN" ÜBERWINDET

Hinführung:

Der Versucher fährt fort mit seiner Versuchung (Mt 4,8–11) beim „Himmelsbalken": Wie tief ist die **Versuchung der Macht,** gerade wenn man meint, sie im Dienste Gottes gebrauchen zu können! (Lk 4,5–8) Was hätte Jesus nicht alles tun können, wenn ihm diese Macht „über alle Reiche der Welt" zugefallen wäre![25] Wie sehr streben wir Menschen über uns hinaus, möchten „Übermenschen" werden. Aber der „Teufelsfuß" dabei zeigt sich fast nebenbei: Ohne Anbetung der dunklen Gewalten ist dieser Weg nicht möglich. Wieder zeigt sich: Der Versucher will die Offenheit des Kreises schließen, damit das, was innerhalb dieses Kreises geschieht, ohne Zugang, ohne Verbindung zu Gott bleibt …

Meditative Besinnung:

Vielleicht kommt nirgendwo im Neuen Testament die Tiefe der Liebe Jesu zu seinem Vater so unmittelbar heraus wie an dieser Stelle, wo er dem Versucher spontan antwortet: *„Vor dem Herrn, deinem Gott, sollst du dich niederwerfen und ihm allein dienen"* (Lk 4,8). So spricht spontan nur eine Liebe, die aus der Mitte des Wesens kommt – an die keine noch so einleuchtende und verführerische Versuchung herankommen kann. Hier macht Jesus selbst Ernst mit seinem Wort an den Pharisäer über das Wichtigste im Leben: *„Du sollst den Herrn, deinen Gott, lieben mit ganzem Herzen, mit ganzer Seele, von ganzem Gemüt und mit allen deinen Kräften"* (Mt 22,37).

Meditatives Schauen auf Jesus:

Welche Macht und welche Kräfte stehen Jesus aus seiner unmittelbaren Verbindung mit Gott zur Verfügung! Für mich am intensivsten spricht die Stelle, an der er wie selbstverständlich sagt: *„Oder meinst du, ich könnte meinen Vater nicht bitten, daß er mir sogleich mehr als zwölf Legionen Engel schickte!"* (Mt 26,53) Und dann schaue ich auf seinen Lebensweg, wie ich ihn innerlich vor mir sehe – und erlebe seinen völligen Verzicht auf jegliche Form von irgendwelcher Machtausübung … Diese Art seines Lebens mündet ein in sein wichtiges Wort, das er zu Pilatus spricht: *„Mein Reich ist nicht von dieser Welt"* (Joh 18,36). Ich schaue diesen König lange und in Liebe an, in dessen Königreich andere Maßstäbe gelten als unter den weltlichen Herren …

Lebensmeditation:

Wenn ich Christus nachfolge, dann bin ich Bürger dieses „Reiches", in dem die Maßstäbe Christi gelten ... „Bürger" dieses Reiches werde ich nicht durch meine Leistung, nicht durch meinen Besitz – sondern gerade durch das Bejahen meiner Kleinheit, meiner Armut, die offen ist für das, was über mir ist, die sich beschenken läßt mit dem, was ich aus eigener Kraft niemals gewinnen kann: *„Wenn ihr nicht ... werdet wie die Kinder, so werdet ihr nicht ins Himmelreich kommen"* (Mt 18,3). Die Überfülle Gottes wartet auf mich, wenn ich darauf verzichte, die Sehnsucht meines Herzens, die mich über mich selbst hinaustreibt, mit eigenen Mitteln stillen zu wollen ...

4/5: JESUS CHRISTUS – SIEGER, DER DIE GRENZE DES TODES ÜBERWINDET

Hinführung:

Als drittes faßt der Versucher den „Todesbalken" ins Auge (Lk 4,9–11). Die Versuchung, von der Zinne des Tempels zu springen im Vertrauen, daß Gott ihn bewahren wird, kann man verschieden deuten. Ich persönlich spüre beim inneren Schauen dieses Bildes mehr und mehr, wie hier etwas angesprochen wird, das sich wohl häufig im Menschen findet: der „Sog in die Tiefe".[26] Das braucht mir nicht nur dann ins Bewußtsein zu treten, wenn ich auf einer hohen Brücke stehe und in die Tiefe schaue. Das gibt es auch dort, wo ich mich leichtsinnig in eine Aktion stürze, der ich nicht gewachsen bin, die mich früher oder später verschlingen wird – wie ein Abgrund. Und nur zu nahe liegt es uns, die wir uns Christen nennen, Gott zuzumuten, daß er uns schon durchtragen und bewahren wird. Es gibt das warnende Wort Jesu, daß jeder, der einen Turm baut, vorher die Kosten überschlagen solle, *„ob er genug habe, um es auszuführen"* (Lk 14,28). Die Absicht des Versuchers ist auch hier klar: Er spielt mit dem Tod – mit einem Tod, der das Ende schlechthin bedeutet. Er verschließt den Weg, der sich durch den Tod hin auf Gott öffnen kann.

Meditative Besinnung:

Es gibt zwei extreme Weisen, mit dem Wissen um den eigenen Tod umzugehen: Entweder ich stürze mich blindlings da hinein – oder ich verdränge dieses Wissen tief in mein Unterbewußtsein. Beides sind Formen, in denen sich die tiefgründige Angst vor dem Tod ausspricht, ohne damit diese Angst überwinden zu können. An die Tiefe des Erlebens echter Todesangst reichen menschliche Worte nicht heran.

Meditatives Schauen auf Jesus:

Ich lasse wieder Szenen aus dem Leben Jesu in mir lebendig werden, die mir Jesus im Wissen um seinen nahenden Tod und um sein Sterben vor Augen führen. Er findet die Balance zwischen zwei gefährlichen Extremen: Er spricht von seinem nahenden Tod – ohne dieses Wissen zu verdrängen. Und er geht freiwillig darauf zu – ohne sich in eine selbstgesuchte Märtyrerrolle hineinzuspielen. Er kann diese Gefahren nur deshalb überwinden, weil er über den Tod hinausschaut. Wieder ist es seine Liebe zum Vater, die ihn sagen läßt: „Dein Wille geschehe." Gott ist ihm wichtiger als sein eigenes Leben – und deshalb bleibt für ihn der Tod nicht das Letzte, das unwiderrufliche Ende und der schlechthinnige Abbruch allen Lebens. Jesus weicht dem Sterben nicht aus, sondern er ringt sich durch, aus Liebe zum Vater diesen Leidensweg auf sich zu nehmen. Und nur indem er den Tod annimmt, kann er ihn verwandeln …

Mit vielen Bildern zeugt das Neue Testament von diesem zentralen Geheimnis unseres christlichen Glaubens: Wo Liebe ist, da hört die nackte Sinnlosigkeit auf – wo Liebe ist, da ist Gott – und wo Gott ist, hat der Tod seine Macht verloren, dort wird der Tod verwandelt. Für mich ist dieses Geschehen immer neu unbegreiflich, und ich kann davor nur ganz still werden: Wäre Jesus dem Tod ausgewichen, dann hätte er sein Leben vielleicht für eine Zeit bewahrt. Aber die Macht des Todes wäre unangetastet geblieben. Indem Jesus dieses Sterben aus Liebe auf sich genommen hat, brach die Macht der Liebe bis in die letzten Dunkelheiten menschlichen Daseins hinein. Indem Jesus den Tod auf sich genommen hat, blieb der Tod nicht mehr das schlechthin Negative, alles Leben Auslöschende, sondern seitdem trägt jeder Tod die Chance in sich, Weg zum neuen Leben zu werden ...

4/6: JESUS CHRISTUS – SIEGER, DER DIE GRENZE DES HÖLLENABGRUNDES ÜBERWINDET

Hinführung:

Wir hatten die drei Versuchungen vor uns, mit denen der Widersacher Gottes Jesus in seinem ganzheitlichen Menschsein beschneiden wollte, indem er ihm den Weg zu Gott zu verstellen suchte. Dabei hatten wir die drei oberen Kreuzesbalken näher ins Auge gefaßt. Was aber ist mit dem letzten Balken, dem „Erdbalken", mit dem das Kreuz in der Erde verankert ist? Auch hier setzt der Versucher an, aber er tritt damit erst am Ende des Lebens Jesu hervor: In der Gestalt des Petrus will der Satan Christus von seinem Weg in die Tiefe abhalten: *„Herr! Das widerfahre dir nur nicht!"* (Mt 16,22) Der Widersacher Gottes weiß: Das wäre die endgültige Vernichtung für ihn, wenn Jesus Christus den Raum des Todes und der Unterwelt für Gott öffnete – das darf nie geschehen! ...

Meditatives Schauen auf Jesus:

Doch auch hier erkennt Jesus den „Satan" sofort, selbst in der Gestalt seines begeistertsten Jüngers: *„Geh weg von mir, Satan! Du bist mir ein Ärgernis; denn du meinst nicht, was göttlich, sondern was menschlich ist"* (Mt 16,23). Nicht nur um den „horizontalen" Tod geht es hier, sondern um den „vertikalen" Einbruch der göttlichen Macht in die „Unterwelt". Solange in dieser Welt mit all ihren Dimensionen nur ein einziger Teil vor Gott verschlossen bleibt, ist die Erlösung unserer Welt noch unvollkommen. Der Weg Jesu Christi „nach unten", den der Christushymnus im Philipperbrief (2,5–11) so einmalig beschreibt, ist die Grundrichtung des Weges, den Jesus Christus überhaupt geht: von Gott zum Menschen – unter den Menschen zu denen, die ganz „unten" sind – und schließlich über die Bereiche menschlichen Erfahrens hinaus in die Dunkelheiten hinein, die menschliches Leben unerkannt umgreifen und bestimmen.

Auch hier wieder ist dieser letzte Schritt nur die Konsequenz des Weges, den Jesus vom ersten Tag seines Erdenlebens an gegangen ist: den Weg in die Tiefe, um selbst die dunkelsten Tiefen, die unerkannten Abgründe menschlichen Daseins zu verwandeln, indem er die Bereiche, die sich selbst völlig von Gott abgeschlossen hatten, nun selbst betritt – und damit ihre scheinbar endgültige Gottferne einfach ungültig macht. Wenn **Gott** die Hölle betritt, dann ist die Hölle nicht mehr Hölle! ...

Lebensmeditation:

Was immer in der Heilsgeschichte Gottes im großen geschieht, spielt sich wie in einem wirklichkeitsgefüllten Spiegel auch in der Tiefe der menschlichen Seele ab. In meinem Unbewußten befinden sich die Bereiche, die sich selbst vor Gott und dem Licht verschließen. Im Schauen auf den unteren Kreuzesbalken öffne ich nach und nach gerade meine dunklen Bereiche dem Licht, meine abgründige Schuld der noch tieferen Gnade Gottes ...

Offenes Kreuz

4/7: JESUS CHRISTUS – DESSEN ERLÖSUNG DIE WELT UMGREIFT

Hinführung:
Die letzte Übungseinheit dieser dichten Woche soll nichts Neues mehr ansprechen, sondern das Geschehene noch einmal zusammenfassen und vertiefen …

Bildmeditation:
Ich biete Ihnen als Möglichkeit das Kreuzschema noch einmal an – aber mit dem Unterschied, daß die Kreuzesbalken jetzt nach allen Seiten hin den Umkreis durchbrechen und offen sind auf die Wirklichkeit Gottes hin, die *„uns von allen Seiten umgibt"* (Ps 139,5). Malen Sie, schreiben Sie in dieses Schema Ihre eigenen Erfahrungen hinein, damit es zu Ihrem Bild wird, bunt und lebendig wie das Leben selbst …

Variante:
Wenn Ihnen die schematische Darstellung zu solcher Vertiefung hilft, dann benutzen Sie sie – sonst gehen Sie Ihre eigenen Wege und wiederholen noch einmal die Meditation der Woche, die Sie am tiefsten berührt hat. Aber bitte bedenken Sie, daß Sie keinesfalls erwarten dürfen, ein vergangenes Erleben könne sich spontan wieder in der früheren Weise einstellen! Gott ist niemals der gleiche, er begegnet uns in immer neuer Form – und auch ich bin heute nicht mehr die gleiche, die ich vor einigen Tagen war. So reich ist das Leben und immer neu!

Karwoche

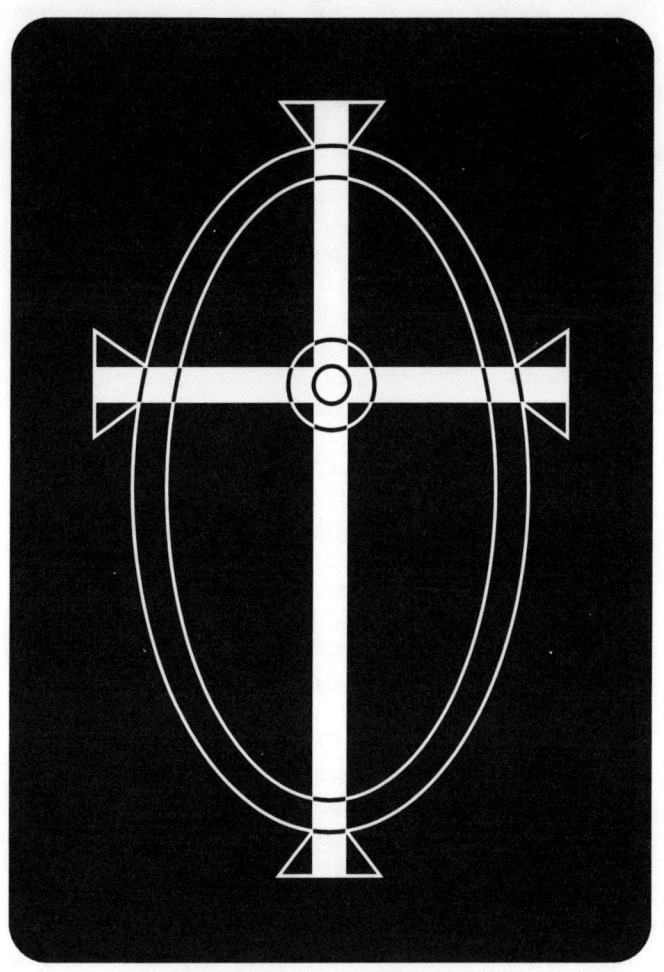

Das Kreuz durchleuchtet die Dunkelheit

Einführung in die Karwoche

Gegenwärtigsetzen des Passionsgeschehens:
Mit der Karwoche treten wir in das innerste Heiligtum
des Erlösungsgeschehens ein. Seit meiner Konfirmandenzeit
sind für mich die Kar- und Ostertage im Jahr ganz entscheidende Tage. Mit dreizehn Jahren hatte ich am Karfreitag
erstmalig deutlich das Gefühl, das **Leidensgeschehen Jesu** sei
unmittelbar gegenwärtig.

Viel später lernte ich die katholische Lehre von der
Gegenwärtigsetzung des Passah-Geschehens in der Eucha-
ristiefeier kennen. Was ich persönlich über Jahre hin in den
Kar- und Ostertagen erlebt hatte, ohne es verstandesmäßig
fassen zu können, war für mich in diesen Worten ausgesprochen. Hier war mein Erleben ins Wort gebracht, der Graben
der zweitausendjährigen Geschichte war überbrückt; was
damals geschah, war für mich heute und hier heilbringende
Gegenwart ...

In den letzten Jahren fand ich ähnliche Gedankengänge
bei **Meister Eckehart** wieder, der sie philosophisch durchdringt: Was in der Ewigkeit Gottes geschieht, steht jenseits
unseres Erlebens von Raum und Zeit – und ist deshalb „all-
gegenwärtig". Was sich so tief im „göttlichen Raum" abspielt wie Tod und Auferstehung Jesu, das berührt etwas von
der Ewigkeit Gottes und ist deshalb nicht eingegrenzt in
unser normales Erleben von Raum und Zeit.

„Mitsterben" mit Christus:
In unzähligen Variationen spricht der **Apostel Paulus** in
seinen Briefen davon, daß der Christ ein *„Mit-Leidender"*,
ein *„Mit-Gekreuzigter"*, ein *„Mit-Sterbender"* (und dadurch
auch ein *„Mit-Auferstandener"*, ein *„Mit-Lebender"*) mit
Christus sein und werden müsse. Die ungewöhnlichen
Wortverbindungen hat Paulus geschaffen, um etwas in
Worte zu fassen, für das es damals im Griechischen noch
keine Worte gab: Der Christ darf in seinem Leben ein Stück
der Passion Jesu Christi „gegenwärtigsetzen" ...

Wissen der Volksfrömmigkeit:

Ganz tief hat die **Volksfrömmigkeit** schon seit langem begriffen, wie eng das „Kreuz" eines Christen mit dem Kreuz Jesu Christi verbunden ist … Gerade ganz einfache Menschen können schlicht sagen: *„Ein jeder muß halt sein Kreuz tragen."* Ich hörte dieses Wort einmal aus dem Munde einer ganz schlichten, frommen Frau. Sie war Epileptikerin und wußte, daß ein weiterer Anfall für sie das Ende ihrer Arbeitsmöglichkeit und die Aufnahme in ein Heim bedeuten würde. Es hat mich tief bewegt, wie diese schlichte, fromme Frau die Tiefe des christlichen Glaubens begriffen hatte, als sie nach einem neuen schweren Anfall dieses Wort sagte – ohne Wenn und Aber. Ich mußte dabei an ein Pauluswort denken: *„Die Liebe ergründet alles, auch die Tiefen der Gottheit"* (nach 1 Kor 2,9–10).

Ein Karfreitagserleben besonderer Art:

Vielleicht hilft ein persönliches Erleben noch von einer anderen Seite her zum Verständnis der vor uns liegenden Aufgabe:

Vor Jahren hatte ich ein Karfreitagserleben besonderer Art: Ich befand mich in einer inneren Krise, die ich weder deuten noch von mir aus überwinden konnte. Immer neu suchte ich nach Möglichkeiten der Hilfe oder wenigstens einer möglichen Deutung für mich. Da las ich in der Nacht zum Karfreitag – wie ich es oft tue – die Leidensgeschichte Jesu. Und plötzlich stand beim Schauen auf die Begegnung Jesu mit der tragischen Judasfigur ein Wort vor mir, das in unserer Sprache längst zur Redensart geworden ist: *„verraten und verkauft"*. Dieses Wort nun traf damals genau in mein Erleben hinein – genau so fühlte ich mich in meinem Zustand. Worte, die zur Redensart werden, machen deutlich, daß sich in ihnen ein Geschehen „ausdrückt", das ein „urmenschliches Erlebensmuster" anspricht; sie deuten auf etwas hin, was Menschen an allen Orten und zu allen Zeiten erleben können.[27] Dieses Bild nun ließ mich meine damaligen Gefühle erkennen und brachte sie ins Wort. Ich spürte dem nach und tastete weiter: Vor einiger Zeit hatte ich mich eines Tages wie *„zum Tode verurteilt"* gefühlt ... *„Verraten und verkauft"* – *„zum Tode verurteilt"*: Das waren zwei wesentliche Bilder aus dem Leidensweg Jesu – wenn das nun kein Zufall gewesen sein sollte ...?

Im weiteren Darüber-Beten fand ich meinen damaligen Zustand fast in all den aufeinanderfolgenden Ur-Bildern der Leidensgeschichte Jesu wieder, für mich hautnah gespiegelt in meinem eigenen Erleben und Erfahren ... Allerdings – das wurde mir in diesem Zusammenhang sehr wichtig – handelte es sich dabei um ein Erleben, für das ich niemandem außer mir selbst irgendeine „Schuld" geben konnte – wenn hier überhaupt von „Schuld" die Rede sein kann ... Das unterschied mein Erleben von dem, was Jesus erfuhr ... Was konnte das bedeuten? Plötzlich ahnte ich existentiell etwas davon, daß sich die Leidensgeschichte Jesu auch im Leben eines heutigen Menschen wirklichkeitsträchtig spiegeln kann ... M. Quoist sagt: *„Der Leidensweg Jesu geht weiter"* ...

Für mich folgte daraus eine wichtige Erkenntnis: Ich durfte alle meine inneren und äußeren Krisen auch ein wenig in dieser Blickrichtung sehen: Christus will in mir ein Stück seines Leidens- und Auferstehungsweges heute und hier „gegenwärtigsetzen" – ungeachtet und **trotz** all **meines eigenen Versagens** und **meiner eigenen Verschuldungen,** die mich in diese Situation gebracht hatten und die ich mir selbst bis dahin so oft nicht verzeihen konnte ...

Solche Gedanken halfen mir dazu, mich ein wenig aus der Verstrickung des Um-mich-selbst-Drehens zu befreien. Denn je tiefer eine Krise ist, desto größer ist auch die Gefahr, nur noch auf sich selbst zu starren. Zu **beweisen** sind solche Gedanken nie – aber wenn sie Kräfte freisetzen, die heilend wirken, dann darf ich glauben, daß Gott in ihnen und durch sie hindurch wirkt ...

Unter diesem Aspekt erlebte ich gerade im Jahr meiner tiefsten Krise das Karfreitags- und das Ostergeschehen in einer Tiefe, die ich vorher nicht für möglich gehalten hätte.

Wenn es nicht nur mein eigenes Leiden war, das mich da überfallen hatte, sondern wenn darin auch nur ein kleines Stück des Erlösungsweges Jesu Christi „in mir" und „für mich" erfahrbar wurde – dann bekam alles einen ganz neuen und tiefen Sinn. Und welcher Schmerz verliert nicht einen großen Teil seiner Bitterkeit, wenn er einen Sinn bekommt – wenn er mich in eine geheimnisvolle, aber wahre Verbindung zu demjenigen bringt, den ich gern lieben möchte – in all meiner Schwachheit? Noch einmal ganz neu war für mich die Entfernung zwischen dem Geschehen in Jerusalem vor 2000 Jahren und dem „Heute" und „Hier" meines Lebens verschwunden: Genau diese wahre Verbindung meines eigenen Erlebens mit dem Leidensweg Christi war es, die mich neu verstehen ließ, was Kreuz und Erlösung Christi für mein Leben meinen könnten.

Mitgehen mit Christus:
Wir wollen nun in dieser Übungswoche einzelnen Stationen des Weges nachgehen, der Jesus an das Kreuz geführt hat. Wie kaum ein anderer Teil der Bibel stellt uns die Passionsgeschichte Jesu Bilder vor Augen, die archetypischen Charakter haben, die sich so tief in uns einprägen, wie das nur solche Urbilder bewirken können (siehe S. 22). Diese Bilder wirken tief in unser Innerstes hinein, treffen dort auf Vergleichbares, was auch in jedem von uns, in jeder menschlichen Seele ruht – mit seinen Gefahren und mit seinen Erlösungsmöglichkeiten. Nur was ans Licht kommt, was mit Christus in Berührung kommt, kann verwandelt werden. Darum geht es in dieser Woche, daß wir uns diesem Verwandlungsprozeß aussetzen – anhand einzelner „Bilder" des Passionsweges Jesu.

5/1: URBILD „SCHWEISS WIE BLUTSTROPFEN" – VERTRAUEN, DAS MITTEN AUS DER ANGST ERWÄCHST

Hinführung:

Es sind keine vorsichtigen oder gar erbaulichen Bilder, welche die Bibel angesichts des Leidensweges Jesu vor uns hinstellt. Der Mensch, der da in Getsemani im Todeskampf ringt, der in seiner tiefsten Angst die Jünger vergeblich um ihre Nähe bittet – wir wagen es kaum, diese Bilder wirklich an uns heranzulassen. Es ist keine Angst vor irgendeinem selbstgedachten Phantom, die da durchrungen wird – sondern die urmenschliche Angst vor grausamsten Schmerzen und entsetzlichem Sterben.

Und an diese allerletzte Grenze – das Äußerste, was ein Mensch durchzustehen vermag – führt uns unser Text. An dieser allerletzten Grenze geschah es, daß Jesus Christus die verschließende Mauer durchbrach. Hier mußte er sagen: *„Nicht mein, sondern dein Wille geschehe ..."* Nur weil er dieses Wort an dieser extremen Stelle sagen konnte, wurde sein „Durchbruch zum himmlischen Bereich" wirksam für alle erdenkliche menschliche Not und Angst.

Aber gleichzeitig zeigt uns unser Text auch die andere Seite: Nicht allein vom Menschen her war diese Begrenzung zu durchbrechen, sondern gleichzeitig kam die Kraft auch von außen, von Gott her: *„Es kam ein Engel vom Himmel und stärkte ihn ..."*

Biblische Meditation:

Im Meditieren der Ölbergszene (Lk 22,39–46) lasse ich mich darauf ein, wie hart es für Jesus war, sich zu dem „Dein Wille geschehe" durchzuringen – und wie er damit den Weg aufgebrochen hat für alles menschliche Ringen um das „Abba – Vater" und um das „Dein Wille geschehe" ...

Existenzmeditation:

Ich lasse einige Bilder meines Lebens wach werden, in denen ich mich einer übermächtigen Angst ausgeliefert erlebt und vielleicht um ein „Ja, Vater" gerungen habe – und erlebe eine dieser Situationen wie einen schwachen, trüben Spiegel, in dem sich das Ringen Jesu in Getsemani spiegeln möchte ...

Ich spüre eine geheimnisvolle – wie „unterirdische" – Verbindung zwischen meinem kleinen Erleben und dem einzigartigen und einmaligen Erleben Jesu Christi – eine Verbindung, deren Möglichkeit mir in der Taufe geschenkt worden ist, als ich „Glied am Leibe Christi" geworden bin ... Seitdem darf auch mein kleines Leiden zu einem „Mitleiden mit Christus" werden ... Damit endet es nicht mehr an der Todesgrenze, sondern darf hindurchbrechen in das neue, verwandelte Leben ...

5/2: URBILD „JUDASKUSS" –
LIEBE, DIE SICH IN DER BEGEGNUNG
MIT DEM VERRAT VOLLENDET

Hinführung:

Urbilder der Leidensgeschichte Jesu sind es, die von Künstlern immer wieder aufgegriffen und gestaltet werden. Dazu gehört auch die Szene, in der Jesus nach seinem harten Gebetskampf mitten in der Dunkelheit der Nacht seine Verfolger auf sich zukommen hört. Aus der Gruppe löst sich eine Gestalt und tritt auf ihn zu, gibt ihm den Kuß der Freundschaft. Es ist einer der Zwölf, einer seiner Jünger, die jahrelang alles mit ihm geteilt hatten.

Es sind ja nicht die uns Fremden, die uns die tiefsten Schmerzen zufügen, sondern immer diejenigen, die uns nahestehen, denen wir vertraut, denen wir uns anvertraut haben. Albert Schweitzer berichtet von einem Mitschüler, der ihn verraten hat: Noch viele Male ist er später von Freunden verraten worden, aber geschmerzt hat dieses Ersterlebnis wie kein anderes.

Immer wieder erfahre ich in seelsorgerlicher Begleitung, wie Menschen gerade dadurch leiden, daß sie durch ihre nächsten Angehörigen Schmerz erfahren oder sich im Stich gelassen fühlen.

Christusmeditation:

Ich nehme mir Zeit, um mich ganz in Jesus hineinzuversenken, was er in dem Augenblick gefühlt haben mag, als Judas ihn begrüßte mit dem Wort: *„Sei gegrüßt, Rabbi"* – und aus welchen Bereichen seines Herzens seine Antwort kam: *„Mein Freund, verrätst du des Menschen Sohn mit einem Kuß?"* ... Ich ahne und gebe dieser Ahnung in mir Raum, wie Jesus mit dieser Hinwendung zu Judas, mit seiner Liebe zu ihm gewissermaßen durch das Heillose, das Judas bestimmte, hindurchgestoßen ist ... Von der Herzmitte aus hat er das Böse, das seinen Lebensbalken abschließen wollte, aufgebrochen – und durch das Heillose hindurch den Weg zum Heil, zu Gott hin, geöffnet ... Nur so konnte Gott selbst den Verrat des Judas in sein Erlösungswerk einbeziehen ...

Lebensmeditation:

Ich spüre in meinem Leben zurück, horche in meine Erfahrungen hinein:

- Wo habe ich Schmerzen gerade durch die Menschen erfahren, denen ich mich am tiefsten verbunden fühlte, denen ich unmittelbaren Zugang zu meinem Herzen gewährt hatte? ...
- Habe ich mich in meinem Leben schon einmal wie *„verraten und verkauft"* gefühlt? ...

Verbindung mit Christus:

Ich öffne die tief in mir angelegte Verbindung zu ihm, der in mir wohnt, auch als der von Judas Verratene: Ich fühle mit ihm und lasse ihn mit mir fühlen, lasse mein eigenes Erleben durch die Verbindung mit dem Erleben Jesu von seiner Realität „durchblutet" werden ...

Biblische Meditation:

– *„Wenn wir mit Christus gestorben sind, werden wir auch mit ihm leben"* ... (2 Tim 2,11).

5/3: URBILD „GEBUNDENE HÄNDE" – FREIHEIT, DIE AUS DEM GEBUNDENSEIN ERWÄCHST

Hinführung:

Unsere Hände nehmen einen besonderen Platz ein in unserem leiblichen Dasein. Nicht umsonst spricht die Bibel von der „Hand" Gottes, wenn sie von ihm etwas aussagen will. Menschen, die sich auf die Körpersprache verstehen, lesen aus der Haltung der Hände oft den Zustand der Seele heraus. So wird die Hand des Menschen schlechthin zum Symbol seiner selbst.

Es gibt moderne Kreuzwege, die das jeweilige Betrachtungsbild in einem einfachen Symbol darstellen – um damit die Meditation und die Übertragbarkeit des Geschehens auf das eigene Leben, den eigenen Zustand zu erleichtern. Als ich das erstemal auf solch einen Kreuzweg traf[28], hat er mich tief beeindruckt. Die erste Station *„Jesus wird zum Tode verurteilt"* wird mit dem Symbol gebundener Hände dargestellt. Aber das ist keine Entdeckung unserer modernen Zeit. Bereits Tilman Riemenschneider stellt die gebundenen Hände Jesu in einem tief beeindruckenden Symbol dar.

Christusmeditation:

Ich schaue innerlich auf die Hände Jesu – was hat er alles mit ihnen getan ... Und ich meditiere sein Empfinden, als ihm diese Hände nun gebunden sind, nicht mehr fähig zu ...

Und ich versuche, mich in ihn hineinzufühlen, wie er dieses Gebundensein vom Vater annimmt und wie sich nun in ihm der Verwandlungsprozeß durchsetzt: Die neue Stufe der Erlösung geschieht nicht mehr durch sein „Handeln", sondern durch sein Nicht-Handeln, durch sein Erleiden ...

Und damit durchbricht er die Sperre, welche die Öffnung des Kreuzesbalkens zur Welt Gottes hin verschließen will ...

Leibmeditation:

Ich werde still und nehme bewußt meine rechte Hand wahr – wozu darf ich sie gebrauchen? ...

Und ich falte meine Hände – mache sie dadurch zur Zeit unfähig zum „Handeln" – und versetze mich hinein in einen Zustand, in dem meine Hände gebunden wären ... Was könnte ich alles nicht mehr tun? Wie ginge ich mit diesem Zustand um? ... Ahne ich etwas von der Möglichkeit neuer Freiheit? ...

Kurzgebet zu Beginn des Tages:

- Ich zeichne ein Kreuz auf meine Lippen: „Herr, öffne meine Lippen, damit mein Mund dein Lob verkünde ..."
- Ich öffne meine Hände wie eine Schale nach oben: „Herr, fülle meine Hände" – und ich drehe sie mit der Handfläche nach unten: „damit mein Tun dein Lob verkünde ..."
- Ich lege meine Hände zusammen in der Anbetungshaltung: „Herr, binde meine Hände, damit mein Lassen dein Lob verkünde ..."
- Und ich breite meine Arme aus, so daß ich in Kreuzesform stehe oder knie: „Herr, brich auf mein Herz, damit mein Sein dein Lob verkünde ..."

Existenzmeditation:

Ich spüre dem nach, in welchen Situationen (vergangen oder gegenwärtig) ich mich wie gefesselt, gebunden, verstrickt gefühlt habe oder fühle – und versuche, im Schauen auf die gebundenen Hände Jesu die Verheißung in mich einzulassen: Du sollst mich preisen und mir dienen durch dein Tun und Lassen – ja gerade durch dein Lassen ...

5/4: URBILD „DER SCHMERZENSMANN" – WÜRDE, DIE IN DER TIEFSTEN SCHANDE AUFLEUCHTET

Hinführung:

„*Seht – welch ein Mensch!*" (Joh 19,5) – ruft Pilatus, als er Jesus, blutig gegeißelt und mit Purpur und der Dornenkrone gekrönt, den Zeichen des Spottes und der Grausamkeit, vor das Volk hinstellt. Auch diese Szene ist immer wieder von Künstlern aufgegriffen und dargestellt worden – von Künstlern, die spürten, welch tiefe Wahrheit in diesem Pilatuswort verborgen ist. Welch ein Mensch ist das ...? Leuchtet nicht gerade hier etwas auf von der Würde wahren Menschseins? Was menschliche Würde wahrhaft ist, läßt sich niemals ablesen an einem Menschen, der in der Fülle seiner Macht und seines Ansehens diese Würde von äußeren Zeichen her definiert. Hat der Mensch als Mensch königliche Würde – wie uns das Neue Testament bezeugt –, dann muß sie gerade unter solchen „unwürdigen" Umständen aufleuchten – durch Erniedrigung, Blut und Schande hindurchleuchten ...

Auch ich mache mir bewußt, daß Gott mich und alle Christen in der Taufe zu königlicher Würde berufen hat: „*Jesus Christus hat uns zu Königen ... gemacht vor Gott*" (Offb 1,6) ... Wenn Gott uns diese Würde verliehen hat, dann kann und darf sie sich niemals durch Menschen zerstören lassen, was auch immer sie uns antun ...

Christusmeditation:

Ich stelle mir so lebendig wie möglich Jesus vor, wie er vor allem Volk „zur Schau" gestellt wird ... Was könnte ihn von anderen Menschen in solcher Situation unterschieden haben ... – Ich schaue innerlich und in tiefer Liebe, wie er vor mir steht ...

Und ich sehe Jesus vor mir, wie er durch diese menschenunwürdige Situation „hindurchstößt" zur wahren, göttlichen Würde ...

Leibmeditation:

Ich lege mir einen Gegenstand (als vorgestellte Krone) auf den Kopf und gehe ein paar Schritte durch den Raum. Ich spüre in meinen Gang hinein, wie ich gerade, aufrecht, „königlich" gehen muß, bis es ein *Schreiten* wird ...

Und in dieser Haltung gehe ich in meiner Vorstellung ein Stück weiter – hinein in eine Situation meines Lebens, die ich bisher als „unwürdig" empfunden habe ...

Fürbittmeditation:

Ich gehe in meiner Vorstellung (oder mit den Füßen) weiter zu Menschen, die durch andere entwürdigt und gepeinigt sind – und sehe die verborgene Krone auch auf ihrem Haupt – und knie in meiner Vorstellung (oder leiblich) vor ihnen nieder ... Durch ihre Entwürdigung hindurch versuche ich, ihre königliche, göttliche Würde zu sehen ... Ich knie nieder vor Christus selbst, der in ihnen leidet ...

5/5: URBILD „DER ZUSAMMENBRUCH" – KRAFT, DIE IN DER TIEFSTEN OHNMACHT GEGEBEN WIRD

Hinführung:

Nur zwischen den Zeilen kann man im Evangelium lesen, daß Jesus unter der Last seines Kreuzes zusammengebrochen ist. Sonst hätte man wohl kaum einen Simon von Cyrene gezwungen, ihm das Kreuz zu tragen.

Aber warum hat die Volksfrömmigkeit, die sich tief in das Passionsgeschehen einmeditiert hat, mit einer so großen Selbstverständlichkeit im Kreuzweg Jesu den dreimaligen Fall geschaut? Weist nicht gerade die Dreizahl dabei auf die symbolische Bedeutung dieses Geschehens hin? Das Erleben des Zusammenbruchs wurzelt archetypisch/urbildhaft in tiefer menschlicher **Erfahrung:** Es gibt im Dasein immer wieder Augenblicke und Situationen, in denen der Mensch seine Last nicht mehr (er)tragen kann, wo er darunter zusammenbricht und am Boden liegt ...

Wir wissen sowohl darum, daß unsere Kräfte in besonderen Situationen gestärkt werden zu vorher ungeahnten Möglichkeiten (in Getsemani muß Jesus so etwas erfahren haben) – als auch um die Erfahrungen, daß uns die Last zu schwer, das zu tragende „Kreuz" wahrhaft „unerträglich" wird – und wir liegen am Boden, buchstäblich oder im übertragenen Sinne ...

Und dann brauchen wir Hilfe, wenn es weitergehen soll, wenn wir nicht endgültig an der abschließenden Grenze unserer menschlichen Möglichkeiten scheitern sollen. Und diese Hilfe schickt uns Gott oft von unerwarteter Seite. Manchmal kommt sie von Menschen, die sich freiwillig dazu nie bereit erklärt hätten, wie es Jesus erleben mußte. In unserem Kreuzschema gesehen, hieße das: Da wird uns eine Kraft geschenkt – von außen oder von innen –, die den inneren Ring, die innere Grenze und damit die Blockade des Kreuzesbalkens durchbricht ...

Christusmeditation:
Ich fühle mich ein in Jesus, wie er gekämpft haben mag, um das Fallen zu vermeiden – letztlich ohne Erfolg ... Was mag es für ihn bedeutet haben, angesichts der grausamen Soldaten, angesichts der schaulustigen Menge, angesichts der wenigen Getreuen, die ihn tief liebten, so hilflos am Boden zu liegen? ... Und was mag es für ihn bedeutet haben, die Hilfe von einem gewiß unwilligen, wildfremden Menschen annehmen zu müssen? ...

Und wieder denke und fühle ich mich ganz tief hinein, wie sich der Weg Jesu zu Gott hin gerade aus dieser Ausweglosigkeit heraus öffnet – wie in Jesus auch dieser menschliche Bereich von Gott umgriffen wird und zu Gott hin geöffnet ist ...

Existenzmeditation:
Ich suche Worte und Redensarten, die etwas aussagen von der Erfahrung eines solchen menschlichen Nicht-mehr-weiter-Könnens ...

Und ich spüre in mein Leben hinein, wo etwas in mir aus eigener Erfahrung mitschwingt, wo ich erlebt habe, daß ich ... *(gefundene Worte und Bilder einsetzen ...)*

Und ich suche in mir selbst heute nach Bereichen, Anlagen und Möglichkeiten, die „am Boden liegen", die „nicht mehr weiter können" ... oder ähnliches ...

Fürbittmeditation:

Ich richte meine Augen innerlich auf einen mir bekannten Menschen, der sich in dieser Situation des Nicht-mehr-weiter-Könnens befindet ... Und ich sehe ihn als Symbol für eine unzählige Schar von Menschen, die er vertritt ...

Verbindungsmeditation:

Ich nehme wieder den „unterirdischen Kanal" des Mitleidens mit Christus wahr – und lasse mir von ihm her die Kraft zufließen, welche die Todesbegrenzung durchbricht ...

Und ich stelle die Verbindung her zwischen meinen kleinen Erfahrungen und den Erfahrungen der Menschheit heute – und lasse von Christus her die todesüberwindende Kraft durch mich hindurch in diese Menschheitsnot hineinfließen ...[29]

5/6: URBILD „DER GEKREUZIGTE" – AUSGEBREITETE ARME, DIE SICH UNSERER WELT ENTGEGENSTRECKEN

Hinführung:

Das ist das Ziel, in welches das Passionsgeschehen einmündet: Die Kreuzesgestalt Jesu, die er verborgen während seines Lebens in sich hat wachsen lassen, tritt ans Tageslicht. Sie wird vor aller Augen sichtbar. Aber nun nicht mehr als ein Angebot, das Jesus auch wieder zurücknehmen könnte, sondern als eine endgültige und unwiderrufliche Wirklichkeit: Jesus als Kruzifixus, als der Gekreuzigte, verbindet Himmel und Erde. Und er öffnet sich in dieser

Kreuzes-Haltung schutzlos der Schuld aller Menschen – um ihnen mit der gleichen Geste liebend die ausgebreiteten Arme entgegenzuhalten: *„Vater, vergib ihnen, denn sie wissen nicht, was sie tun"* (Lk 23,34).

Bildmeditation:
- Ich suche mir ein Bild oder ein Kruzifix – und schaue es einfach eine lange Zeit an ...[30]
- Ich fühle, wie sich diese ausgebreiteten Arme auf mich hin öffnen, wie sie sich den positiven und negativen Bereichen meines Lebens liebend öffnen ...
- Ich sehe das unsichtbare Kreuzoval vor mir, wie es den Herrn einschließt ...
- Und ich schaue die Wunden des Hauptes, der Hände und der Füße – und wie die Umgrenzung durch diese Wunden geöffnet ist – nach oben zum Himmel, nach unten zur Unterwelt, nach rechts und nach links in die Vergangenheit und in die Zukunft der Menschheit ... geöffnet hin zu allem, was gut ist, und schutzlos gegenüber allem, was böse ist ...

Existenzmeditation:
Schauend lasse ich mich mehr und mehr von diesem Bild prägen, ich „präge es mir ein" und lasse mich davon von innen her durchdringen ... Ich nehme das Bild des Gekreuzigten in mich auf, wie ein Spiegel das Bild aufnimmt, das vor ihm steht ... Vielleicht wächst in mir der Wunsch, meine Arme in Kreuzform auszubreiten ...

Biblische Meditation:
Ich schaue auf den Herrn in seiner Öffnung nach allen Seiten hin und bete, auf seine Wunden schauend, die Verse des 95. Psalms:
„In seiner Hand sind die Tiefen der Erde,
sein sind die Gipfel der Berge.
Sein ist das Meer, das er gemacht hat,
das trockene Land, das seine Hände gebildet ..."

5/7: WIEDERHOLUNG UND VERTIEFUNG –
DAS KREUZ, DAS SICH NACH DEM HIMMEL
UND NACH DER ERDE HIN ÖFFNET

Unvergeßlich ist mir ein Erleben, das ich als junger Mensch hatte. Wir waren in Westberlin – damals waren die Grenzen noch offen – und bekamen neugebaute Kirchen gezeigt. Da war in der St.-Canisius-Kirche über dem Altarraum ein Kruzifix aufgehängt, wo das Kreuz vor dem Hintergrund geöffneter Bogen stand: Die Bogen öffneten sich nach oben hin, während von der Mitte des Kreuzes her Strahlen zur Erde hin führten ...

Ich stand lange davor, weil mir diese Darstellung plötzlich einen Zugang öffnete, wie Karfreitag und Ostern eine untrennbare Einheit sind: ein Geschehen, das sich öffnet zu den höchsten Höhen und zu den tiefsten Tiefen ...

Vielleicht hilft Ihnen diese Vorstellung auch, um die Meditationen der vergangenen Woche noch einmal an sich vorüberziehen zu lassen – sonst gehen Sie Ihre eigenen Wege ...

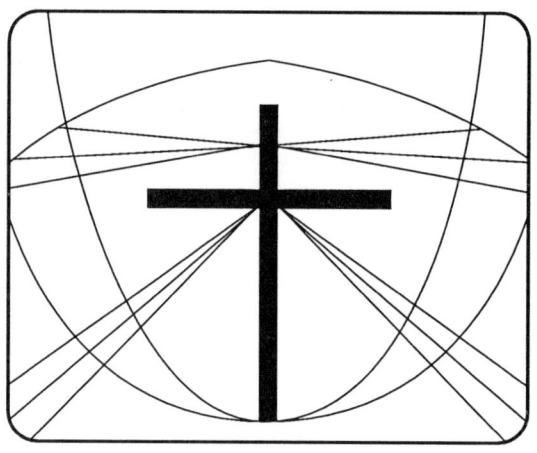

Kreuz der St.-Canisius-Kirche

Osterwoche

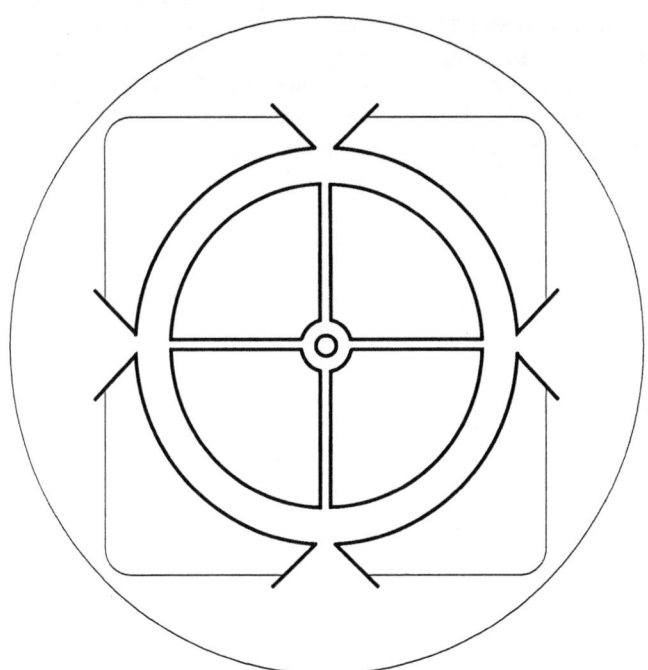

Radkreuz als Ostersymbol

Das Radkreuz steht in einer Mandalaform,
das Quadrat symbolisiert unsere Welt,
der Kreis die Ewigkeit Gottes,
zu der hin Ostern unsere Welt geöffnet hat.

Einführung in die Osterwoche

Der Ostersieg –
Verwandlung der Urfeinde der Menschheit:
Jesus Christus hat in seiner Auferstehung den Tod nicht
vernichtet, sondern er hat ihn im Kreuz durchlitten und ihn
dadurch verwandelt. Ein besiegter Feind kann sich wieder
erheben. Ein Feind, der zum „Vasallen" geworden ist, bedeutet nicht nur keine Gefährdung mehr, sondern er kann
das Leben des „Siegers" sogar beschützen. Jesus hat Angst,
Schuld, Schmerz und Tod verwandelt, er hat sie „in Dienst
genommen". Dürfen wir es zu sagen wagen? Christus hat
Urfeinden der Menschheit die Möglichkeit gegeben, sich in
„Helfer" zu verwandeln ... Er hat die Kreuzesbalken nach
allen Seiten hin zur Wirklichkeit Gottes hin durchbrochen
und geöffnet. Damit hat er eine neue Möglichkeit des Lebens
geschaffen, die nun mehr und mehr alles durchwachsen und
durchdringen möchte.

Christus in uns – die innerste Mitte:
Erinnern wir uns noch einmal an unser ovales Kreuzschema (S. 43). Ich versuche mir das ganz einfach vorzustellen: Die innerste Mitte ist Christus in mir – als der
Gekreuzigte und als der Auferstandene. Darum herum ist
der Bereich meiner „Seele" mit ihren positiven, lichten –
und mit ihren negativen, dunklen Seiten. Mit alldem sind
wir einbezogen in einen größeren Bereich von guten und
dunklen Mächten, die unser Leben umgreifen, ja oft bestimmen, ohne daß wir es spüren. Und das Ganze liegt in Gottes
Hand.

Christus, Herr über Engel und Dämonen:
Die geistliche Tradition spricht von „**Engeln**" und von
„**Dämonen**". Diese Bilder sind Symbole, um von Wirklichkeiten zu sprechen, die sich dem Wort und dem Begriff
eigentlich entziehen.[31] Gerade in unseren Tagen erwacht
aber bei vielen Menschen ein neues Wissen um solche Wirk-

lichkeiten unseres Daseins. Viele Menschen begreifen, daß es Dinge zwischen Himmel und Erde geben muß, die sich nicht ohne weiteres mit dem Computer messen und darstellen lassen. Unsere geistlichen Meister haben zu allen Zeiten mit diesen Wirkkräften gerechnet. Nur so konnten sie immer wieder an der Frage arbeiten, wie man die „Geister unterscheiden" kann …

Nun finden die **Engel** – wer sie auch sein mögen – Zugang in unser Leben, indem sie die positiven Kräfte in uns stärken – während die **dunklen Gewalten** dort ansetzen können, wo in uns selbst Dunkelheiten leben – Dunkelheiten, die wir verdrängen und verleugnen, anstatt sie offen ans Licht zu lassen.

Der Auferstandene geht seinen Weg heute weiter:
Meister Eckeharts zentrales Anliegen ist die **„Gottesgeburt im Menschen"**. Er kann sagen: *„Warte nur auf diese Geburt in dir, so findest du alles Gute und allen Trost, alle Wonne, alles Sein und alle Wahrheit. Versäumst du dies, so versäumst du alles Gute und alle Seligkeit."*[32] Aber – fragte ich mich – ist „Geburt" nicht immer nur ein Beginn? Wenn Jesus in mir geboren werden soll und will – schließt das nicht notwendig auch sein weiteres Schicksal mit ein, und zwar ebenfalls „in mir" …?

In enger Anlehnung an Meister Eckehart formt der Dichter **Angelus Silesius** seine kurzen Sprüche. Den meisten von uns ist wohl der Zweizeiler bekannt:
– *„Wird Christus tausendmal in Bethlehem geboren,*
Und nicht in dir, du bleibst noch ewiglich verloren."
Viel weniger bekannt ist, daß dieser Spruch eine Fortsetzung hat:
– *„Das Kreuz zu Golgota kann dich nicht vom Bösen,*
Wo es nicht auch in dir wird aufgericht', erlösen."
– *„Ich sag, es hilft dir nicht, daß Christus auferstanden,*
Wo du noch liegen bleibst in Sünd und Todesbanden."[33]

Für unsere deutschen Mystiker ist es reale, von jedem Menschen einzufordernde Möglichkeit: Das Erlösungsgeschehen muß sich in jedem Menschen selbst neu ereignen, wenn es für ihn Wirklichkeit werden soll.

Christus geht seinen Weg – auch in einem jeden von uns: Indem er sich – wie er in mir lebt – den Mächten **meiner** Dunkelheiten ausliefert, indem er sich gar von ihnen vernichten läßt – und dennoch nicht „im Tode bleibt", sondern „aufersteht" –, wird das heilige Verwandlungsgeschehen auch in mir ein Stück Wirklichkeit – und zwar „hautnah".

Der Auferstehung in uns Raum geben:

Jeder von uns, der in sich selbst – in einer mehr oder weniger bedeutsamen Weise – ein Stück Schmerz, Leid und Tod in liebender Verbindung zum Gekreuzigten und Auferstandenen annimmt, gibt der heiligen **Verwandlung des Todes in neues Leben** ein Stück Raum mitten in unserer Welt, die dieser Verwandlung so dringend bedarf! Jeder Christ, der sich darauf einläßt, gibt Christus Raum, in ihm sein „Erlösungswerk" „gegenwärtigzusetzen" – ganz klein und unscheinbar, wie es auch schon zu seinen Lebzeiten seine Art gewesen ist. Solche Worte klingen alle viel zu großartig – und werden gerade dadurch der wahren, einfachen und tiefen Größe dieses Geschehens niemals gerecht.

Das heißt für mich konkret: Wenn Christus nicht nur in mir geboren werden will, sondern in mir auch sein Erlösungswerk weiterführen möchte, indem er in mir neu den Weg durch den Tod zur Auferstehung geht, dann will er es tun in der Art und Weise, wie es **meinem ganz persönlichen Leben, meinem Charakter** und **meinem** ureigenen **Schicksal** entspricht. So führt mein Weg durch das „Mit-Leiden" mit Christus in ein „Mit-Leben", ja in ein „Mit-Auferstehen" und in ein „Mit-Verherrlichtwerden" mit ihm ... Denn wenn das „göttliche Kind" in mir zu einem neuen, qualitativ anderen Leben erwacht, dann geschieht Erlösung auch in mir, in meinem eigenen Leben – aber nicht nur für mich, sondern als Quelle, die in diese Welt hineinströmen möchte ... Ahnungshaft kann es dann vielleicht hin und wieder geschehen, daß ich etwas davon erfahre, was Paulus von sich sagen kann: *„Als die Sterbenden und siehe, wir leben; als die Gezüchtigten und doch nicht getötet; als die Traurigen, aber allezeit fröhlich; als die Armen, die aber doch viele reich machen; als die, die nichts haben und doch alles haben"* (2 Kor 6,9f). Wer nur einmal eine Woche in Taizé miterlebt hat, mag ahnen, welche zukunftsweisende Sprengkraft in der Auferstehungsbotschaft – in der Botschaft von der Verwandlungsmöglichkeit der Welt durch die Auferstehung liegt ...

6/1: CHRISTUS IN MIR – WEIZENKORN, DAS STERBEND LEBT

Hinführung:

Christus deutet seinen Weg im Johannesevangelium in dem uns recht vertrauten Bild vom *Weizenkorn, das sterben muß, damit es Frucht bringt* (Joh 12,24). Immer wieder spricht Jesus in seinen Gleichnissen vom *Erdreich unseres Herzens*, in das der *Samen* hineingelegt wird. In den Gleichnissen ist der Same das Wort Gottes (Lk 8,11) oder auch die Kinder des Reiches (Mt 13,38). Im Wort vom Weizenkorn ist Jesus selbst der Same, der in der Erde sterben muß, um das Leben zu finden und Frucht zu bringen.

Meditative Leibübung:

Mit Jugendlichen haben wir diese Übung manchmal versucht – und sie haben tiefe Erfahrungen dabei gemacht: Sie waren mit ihrem Körper ein Samenkorn, zusammengekauert auf kleinstem Raum, ein Samenkorn, das sterben mußte, um dann nach und nach – so langsam wie möglich – zu wachsen, sich aufzurichten – und zu spüren, wie wichtig das gleichzeitige Wachstum der Wurzeln nach unten und des Keimes nach oben ist ... Wer mag, kann sich selbst einmal auf diese Übung einlassen und dabei auf seine Erfahrungen achten ...

Herr, bist du selbst als „Weizenkorn" vielleicht auch schon im „Erdreich meines Herzens" erstorben, um danach fruchtbar werden zu können? ...

Biblische Meditation:
Jesus betet in seinem hohenpriesterlichen Gebet: *„Ich in ihnen und du in mir"* (Joh 17,23). Ich mache mir die innerste Mitte meines Wesens bewußt – der Auferstandene selbst als mein „Seelengrund", als mein „Seelenfünklein" (siehe S. 53) – und schaue auf die Wirklichkeit, die mir das Wort Jesu vom sterbenden/lebenden Weizenkorn bezeugt ... Ich lasse das Weizenkorn in mir nach unten und nach oben wachsen und mich von dieser lebendigen Kraft durchdringen ...

6/2: CHRISTUS IN MIR – ERLÖSER MEINER MENSCHLICHKEIT

Hinführung:
Paulus unterscheidet bei Jesus Christus zwei Ebenen seiner Daseinsweise: seine **Menschlichkeit** und seine **neue Gestalt** nach der Auferstehung (2 Kor 5,16). Als Glied seines Leibes bin ich unersetzlich und unaustauschbar – auch und gerade nach meiner Menschlichkeit („Erdbalken"), weil kein anderes Glied seines Leibes **meinen** Charakter, **meine** Gaben und **mein konkretes Lebensschicksal** hat – mit seinen Belastungen und Leiden und mit seinen Chancen der Verwandlung. Damit will sich Christus verbinden, meine Nöte und Schmerzen will er verwandeln – und auf diese Weise will er in mir weiterleben. Meine menschlichen Wirklichkeiten verwandelt er in Formen neuen Lebens. Immer wieder spricht das Neue Testament vom Gegensatz zwischen „alt" und „neu", wobei das Neue durch Christus in diese Welt gekommen ist, der das „Alte" aufnimmt und verwandelt, ohne die Kontinuität zu zerstören. So werden wir zu „neuen

Menschen", zur „neuen Kreatur" (2 Kor 5,17), ohne deshalb unseren Charakter und unser Lebensschicksal zu verlieren.

Biblische Meditation:
– *„Das Himmelreich gleicht einem Sauerteig, den eine Frau nahm und unter einen halben Zentner Mehl mengte, bis es ganz durchsäuert war"* (Mt 13,33).

Lebensmeditation:
Ich schaue auf mein konkretes Menschsein, auf meine Gaben und Grenzen, auf mein Lebensschicksal, auf das, was mich einmalig von allen anderen Menschen unterscheidet, und lasse das alles zum „Teig" werden, der von „Sauerteig", von Christus in mir, „durchsäuert" wird …

6/3: CHRISTUS IN MIR – ERLÖSER MEINER GOTTESSEHNSUCHT

Hinführung:
Nicht nur meine Menschlichkeiten, auch meine tiefsten Sehnsüchte („Himmelsbalken") sollen „neu" werden können; sie sollen Anteil bekommen an dem qualitativ „Neuen", das durch die Auferstehung Jesu in diese Welt hineingekommen ist.

Meditatives Schauen auf Jesus:
Ich spüre mich hinein in die Liebe Jesu zum Vater und zu den Menschen – ich erlebe mit, wie er mit dieser Sehnsucht an die Grenze stößt – und wie er die schlechthinnige Grenze des Todes durchstößt: *„Ich bin gekommen, ein Feuer anzuzünden auf Erden; was wollte ich lieber, als daß es schon brennte! Aber ich muß mich zuvor taufen lassen mit einer Taufe, und wie ist mir so bange, bis sie vollbracht werde"* (Lk 12,49).

Lebensmeditation:

Ich nähere mich meinen tiefsten Wünschen, meiner Sehnsucht, die letztlich immer Sehnsucht nach Gott selbst ist (Spiegelbild der Sehnsucht, die Gott nach mir hat) – und lasse bewußt auch in diese Sehnsucht Christus eintreten ... Ich lasse meine Sehnsucht von meiner innersten Mitte her durch Christus, der in mir lebt, neu qualifizieren, lasse sie von ihm „durchsäuern", wie das Mehl vom Sauerteig durchsäuert wird ...

Biblische Meditation:

– *„Ist jemand in Christo, so ist er eine neue Kreatur; das Alte ist vergangen, siehe, es ist alles neu geworden"* (2 Kor 5,17).

Ich nehme meine Sehnsucht wahr, die „nach oben" strebt, und lasse sie in Verbindung mit dem Auferstandenen hindurchstoßen durch jede irdische Erfüllungsgrenze bis „in den Himmel hinein" ...

6/4: CHRISTUS IN MIR –
VERWANDLUNG MEINES LEBENS

Hinführung:

„Ich bin gekommen, damit sie Leben haben und es in Fülle haben sollen" (Joh 10,10). Das ist Jesu Ziel mit uns, so kann man seinen Wunsch, uns zu erlösen, umschreiben: Wir sollen uns nicht mit einem Leben auf Sparflamme begnügen, sondern erfahren, was wirkliches, wahres, gelingendes Leben sein kann. So ist es wieder ein „Kreuzesbalken" – diesmal der „Lebensbalken" –, welcher „neu" werden kann, indem ihn Christus in mir von innen her neu werden läßt ...

Meditative Besinnung:

Ich darf mich einmal ganz persönlich fragen: Was macht das Leben für mich lebenswert? ...

Und dann frage ich mich, wodurch jeder dieser Werte bedroht sein könnte? ...

Meditatives Gebet:
Vielleicht sollte ich es doch einmal wagen, einfach dieses Geheimnis zu **preisen und anzubeten,** daß Jesus durch die Verwandlung alles dessen, was mein wahres Leben bedrohen könnte, mir die neue Ebene eröffnet, die ein Leben schenkt, das nimmermehr vom Tod bedroht ist ... Auch im Lichte der Auferstehung darf ich beten: „Herr Jesus Christus, wir beten dich an und preisen dich, denn durch dein heiliges Kreuz hast du die Welt erlöst" ...

6/5: CHRISTUS IN MIR –
VERWANDLUNG MEINES STERBENS

Hinführung:
Es ist etwas Merkwürdiges um den Karfreitag, wenn man ihn von Ostern her sieht: Es gibt ein tiefes Wissen in der Christenheit, daß dieser Tag ja wahrlich nicht nur ein Tag der Trauer ist, sondern auch gleichzeitig ein hoher Festtag. Wie ist das möglich, wenn man sich das Geschehen auf Golgota vor Augen führt? Es braucht keine großen Worte mehr – was ich sagen konnte, ist eigentlich alles gesagt. Es geht um nichts anderes, als glaubend ja zu sagen zu dem Geheimnis unseres christlichen Glaubens, zu dem Geheimnis Jesu Christi: daß er den Tod verwandelt hat, indem er ihn freiwillig, aus Liebe erlitten hat.

Wir haben versucht, einen langen Weg miteinander zu gehen. Wir haben uns bemüht, alle menschlichen Möglichkeiten des Verstehens dieses Mysteriums einzubeziehen. Aber das Letzte, das Tiefste entzieht sich jedem rationalen Verstehen. Hier geht es um den liebenden Glauben, den uns niemand abnimmt: *„Einen Gott, den ich verstehen könnte, würde ich nimmermehr für Gott halten"*, sagt Meister Eckehart. Ein Glaube, der nicht rational zu verstehen ist, eröffnet diesen neuen Raum, diese neue Wirklichkeit – nicht nur als „blinder Glaube", sondern als immer wieder zeichenhaft erfahrbare Wirklichkeit mitten in diesem Leben. Es entzieht sich ja durchaus nicht unserer Erfahrungsmöglichkeit, daß die Verwandlung unserer Dunkelheiten möglich ist und erfahren werden kann ...

Lebensmeditation:
Wo habe ich etwas davon erfahren, daß es bei Gott möglich ist: Verwandlung von Schuld in vergebende Gnade, Verwandlung von Schmerzen in Liebe, Verwandlung des Todes in qualitativ neues Leben? ...

Liedmeditation:
„Dein Kampf ist unser Sieg,
dein Tod ist unser Leben;
in deinen Banden ist
die Freiheit uns gegeben" (EKG 66,3).

Ich kann mir bei dieser Meditation bewußt machen und davor still werden, daß Christus diesen Kampf in mir führt gegen meine Dunkelheiten (und so oft dabei zu unterliegen scheint), daß er in mir und von mir „gebunden" wird – daß er diesen Tod in mir stirbt, und daß er gerade so – leidend und sterbend – diese Verwandlung und Erlösung auch in mir vollzieht ... „für mich" und weit über mich hinaus „für alle" ...

6/6: CHRISTUS IN MIR – ERLÖSUNG DER „HÖLLE"

Hinführung:
Die Ostkirche feiert die Höllenfahrt Christi als Beginn der Auferstehung. Die Osterbilder der Ostkirche sind Bilder der Höllenfahrt Christi – seines siegreichen Eindringens in die Welt des Todes. Hier wird ins Bild gebracht, was wir in Worten zu verstehen versuchten: Die letzte Konsequenz des Erlösungswerkes Jesu Christi ist seine Höllenfahrt – sein Einbruch in das Todesreich, wo er in die Dunkelheit hineinbricht und die dort Gefangenen, allen voran Adam und Eva,

befreit. Im Bild erlöst Christus die ersten Menschen, indem er sie in der Geste des Siegers um das Handgelenk faßt. Die zerborstenen Steine zeigen an, welcher Einbruch in diese Unterwelt durch Christus geschehen ist ...

Bildmeditation *(Höllenfahrt Christi):*
Ikonen wollen lange und intensiv meditiert werden. In ihnen geschieht Verkündigung ohne Worte. Ich meditiere die Ikone auf der hinteren Umschlagseite des Buches und lasse sie auf mich wirken. Ich komme selbst in das Bild und suche meinen Platz, ich warte, was das Bild „mit mir macht" ...

Ich öffne mich diesem Geschehen, bis die Gestalt Christi nicht nur Adam und Eva aus ihrer Unterwelt befreit, sondern bis der Herr auch in meine tiefen Dunkelheiten, in die „Todesbereiche" meines Lebens eintritt – um dort herauszuholen und ans Licht zu bringen, was er erlösen möchte ... und lasse ihn auch in mir sein Werk vollbringen ...

6/7: CHRISTUS – ERLÖSER UNSERER WELT

Hinführung:
Ich mache mir bewußt, daß jede Dunkelheit dieser Welt, in die das Licht einbricht, die gesamte und geballte Macht der Dunkelheiten ein Stück aufbricht und lichtet.

Gedanken sind Kräfte – und wenn wir als Christen nicht den Glauben an den Sieg Christi über die Dunkelheiten unserer Zeit glaubend in uns einlassen, dann verwehren wir ihm den Raum, den allein *wir* ihm geben können – jeder von uns.

Der Osterglaube der Christen war es, der dem Christentum den Weg über den ganzen Erdkreis bahnte. Laßt es Ostern in unseren Herzen werden, damit das Osterlicht unsere Welt mehr und mehr erhelle und durchleuchte! Aber möglich ist das nur über den Weg des erlösenden Kreuzes ...

Bildmeditation:

Ich meditiere noch einmal die Höllenfahrtsikone auf der Rückseite des Buches oder das nach allen Seiten hin offene Kreuz (S. 105) im Blick auf unsere so erlösungsbedürftige Welt. Dabei lasse ich den Sieger auch mitten in meine eigene Angst und Resignation im Blick auf unsere heutige Weltsituation hineinkommen – als Lichtbringer und Retter in der Dunkelheit ...

Abschlußmeditation

- Ich sitze aufrecht auf dem Stuhl oder knie im Fersensitz mit aufrechtem Rücken ...
- Ich spüre die Kreuzform meines Leibes, spüre das Kreuz in mir und lasse mich von ihm immer mehr ausfüllen – nach allen Seiten (Dimensionen) hin ...
- Ich lasse von meiner Herzmitte her, von Christus in mir, mehr und mehr Leben in die Kreuzesbalken hineinströmen ...
- Ich warte geduldig, bis mein inneres Kreuz zu leben beginnt, zum lebendigen Kreuzbaum wird ...
- Ich werde zum Gebet, daß mein ganzes Sein, gestaltet von diesem inneren Kreuz her, nach allen Seiten hin zu leben, zu blühen und Frucht zu tragen beginnen möge ...

Teil 2:
Briefwechsel
und Auswertungen
des Briefkurses

Einladung zum Briefkurs

Begrüßungsbrief

Liebe Interessenten für unseren Briefkurs „Kreuz als Erlösung"!

Hiermit möchte ich zuerst einmal Ihre Anmeldung auf die Einladung zum Briefkurs „Kreuz als Erlösung" bestätigen und Ihnen sagen, daß ich mich auf unseren gemeinsamen Weg in der Fastenzeit/Passionszeit freue.

Inzwischen habe ich bereits über 20 Anmeldungen bekommen, dazu kommt noch eine Gruppe von zehn Leuten, die sich gemeinsam auf den Weg machen wollen – ich hatte nicht mit solch großer Zahl gerechnet! Ich werde Ihnen später die Teilnehmerliste beilegen, wenn Sie damit einverstanden sind (sonst bitte kurz das Veto anmelden) – damit Sie wissen, in welcher Gemeinschaft Sie diesen Weg gehen – auch wenn Sie allein zu Hause sind.

Nachdem ich am vergangenen Montag von einer kurzen Österreichreise mit Vorträgen und einem Meditationswochenende heimkam, kann ich mich nun auch innerlich ganz auf diese neue Aufgabe einstellen – wenigstens soweit mir die Handwerker, die noch einige Zeit im Hause tätig sein werden, dazu Zeit und Ruhe lassen.

Ich schreibe Ihnen das deshalb mit, weil das Beten und Meditieren zu Hause extrem mehr gefährdet ist als in einem Exerzitienhaus, wo ich mich für drei oder mehr Tage frei von meinen Alltagsbelastungen zurückziehen kann! Wenn Ihnen also Schwierigkeiten begegnen, dann dürfen Sie getrost wissen, daß ich sie recht gut kenne! Ich weiß aus eigener Erfahrung, worum es geht – und werde auch selbst unter ähnlichen Umständen diesen Briefkurs konzipieren müssen.

– Ich wünschte mir erstens, daß ich mich wirklich auf **unsere konkrete Briefkursgruppe** mit meinen Angeboten einstellen kann. Dazu erbitte ich mir von Ihnen – weil ich doch bisher nur einen kleinen Teil von Ihnen näher kenne – heute schon als Vorbereitung die Beantwortung einiger Fragen, die auf einem gesonderten Blatt beiliegen. Dann bitte ich Sie darum, mir wöchentlich eine **kurze Rückmeldung** zu schreiben, wie es Ihnen ergangen ist. Ich kann Ihnen dieses Blatt dann gern wieder zurückschicken, wenn Sie möchten. Die Beantwortung der Fragen kann ganz kurz geschehen. Für mich ist es außerordentlich wichtig, daß ich in dem, was ich Ihnen anbiete und zumute, wirklich diese konkrete Gruppe im Auge habe.

Die **Beantwortung der Fragen** stelle ich mir etwa so vor, wie wir uns bei Kursen am ersten Abend gegenseitig bekanntmachen. Dazu gebe ich meistens einige Fragen vor, die mir zeigen, wie ich mit dieser konkreten Gruppe umgehen darf – wieviel an Erwartungen und Voraussetzungen da ist und wie viele grundlegende Übungen ich zuerst einmal anbieten muß, ehe wir in die Thematik direkt einsteigen können. Natürlich wird es immer Unterschiede geben, aber diejenigen, die schon mit mir gearbeitet haben, lassen sich auch gern einmal auf Bekanntes ein, soweit ich sie kenne.

– Zweitens wünschte ich mir, daß wir trotz der räumlichen Entfernungen doch zu einer **Gemeinschaft untereinander** zusammenwachsen. So habe ich es jedenfalls auch bei meinen bisherigen Briefkursen an mancher Stelle dankbar erfahren. Ich werde Ihnen jeweils die Übungsangebote für eine Woche zusenden. Dabei will ich mich bemühen, immer ein paar Dinge von dem, was Sie mir in der Rückmeldung geschrieben haben, ohne persönliche Namensnennung zusammenzustellen und dem nächsten Brief beizufügen. Gerade wenn Sie eine Thematik selbst meditiert haben, kann es sehr hilfreich sein zu sehen, was für andere bei der gleichen Übung herausgekommen ist.

Für mich ist diese Briefkursgruppe also prinzipiell nichts anderes als eine Kursgruppe, die sich für einige Tage trifft; wo nicht nur ein jeder für sich selbst meditiert, sondern wo auch Erfahrungen ausgetauscht werden können. Das haben wir immer alle als sehr fruchtbar empfunden – unter der Voraussetzung selbstverständlich, daß jeder Teilnehmer **nur das** den anderen „mit-teilt", was er bereit ist, ihnen anzuvertrauen; daß er **nur das** weitergibt, wovon er meint, daß es auch für andere wichtig sein könnte. Das aber ist mehr, als jeder gemeinhin denkt. Gerade das, was dem einen in der Gebetszeit deutlich geworden ist, könnte ein entscheidender Impuls für einen anderen Teilnehmer sein. Und es ist für uns alle so wichtig, daß wir es immer wieder üben, inneres Geschehen in Worte zu bringen! Nur so können wir es auch ver-arbeiten und daran wachsen und reifen.

Dazu möchte ich Ihnen allen gleich zu Beginn sagen: Bei Ihren **Rückmeldungen,** die ich nach jeder Woche erbitte, haben Sie drei Möglichkeiten, nämlich:

- das, was Sie erfahren und entdeckt haben, auch den anderen mitzuteilen, die – wenn auch unbekannt – doch als „Mitstreiter" gleichzeitig den Weg gehen;
- etwas, was Sie nur mir selbst sagen möchten, so zu kennzeichnen – etwa mit einem Farbstift –, daß ich weiß, das ist **nur für mich bestimmt.** Sie können sich dann darauf verlassen, daß ich das für mich behalte. Zum Glück können wir ja heute davon ausgehen, daß das Postgeheimnis wieder eingehalten wird, im Gegensatz zu den vergangenen Jahrzehnten;
- etwas überhaupt nicht mitzuteilen. Das ist mir ganz wichtig: Es gibt einen inneren Raum der Vertrautheit mit Gott, der nur Ihnen und Gott allein gehört. Bitte beachten Sie diesen Raum – es gibt Erfahrungen, über die man weder sprechen kann noch sprechen sollte.

Für mich sind Ihre Rückmeldungen nicht nur für mein weiteres Vorgehen wichtig, sondern manchmal kann ich Ihnen auch zu einer bestimmten Frage oder einem Vorgang diese oder jene Hilfe geben. Ich sehe Ihre Rückmeldungen an als Grundlage für ein kleines Stück Begleitungsmöglichkeit für Sie auf dieser Wegstrecke, wenn Sie das möchten.

Vielleicht hat der eine oder andere von Ihnen das Buch „Geistlicher Übungsweg für den Alltag" in der Hand.[34] Dort könnten Sie im Vorwort und in der Einführung in den Gesamtkurs nachlesen, wie ich überhaupt dazu kam, Brief-kurse für spirituelles Leben und den persönlichen geist-lichen Weg anzubieten. Auch ist dort die Hinführung zu den Gebetszeiten ausführlicher als in diesem Briefkurs gehalten.

Ich warte also ziemlich gespannt auf Ihre Antworten, um die ich Sie möglichst schnell bitte – und dann werde ich Ihnen die jeweiligen Übungsangebote zukommen lassen …

So grüße ich Sie in der Hoffnung auf einen guten ge-meinsamen Weg!

Ihre Karin Johne

Vorbereitende Fragen zur Teilnahme am Briefkurs

Ich wäre Ihnen sehr dankbar, wenn Sie mir die folgenden Fragen kurz beantworten könnten, damit ich weiß, auf wen ich mich einstellen darf:

1. Habe ich bisher Erfahrungen mit Meditation (Meditationskurse, Einkehrtage, Exerzitien o. ä.) gemacht – wenn ja – wo und mit wem? ...

2. Was hat mich dazu gebracht, mich zu diesem Briefkurs anzumelden – und was erhoffe ich mir davon? ...

3. Habe ich eine Vorstellung von dem, was uns als **Mystik** oder christliche Mystik begegnet? Wenn nein, ist das nicht schlimm, wenn ja – was stelle ich mir unter Mystik vor? ...

4. Habe ich in meinem Lebensraum eine feste Zeit und einen festen Ort, der Gott gehört im Gebet – oder überlasse ich mein Beten dem Zufall? ...

5. Bin ich bereit, mir für die Zeit des Briefkurses **täglich 20–30 Minuten Zeit für Gott** zu nehmen und mich in dieser Zeit auf das vorgegebene Meditationsangebot einzulassen? (Dringende Ausnahmen kann es immer geben – deshalb sollte niemand aufgeben!) Wie fühle ich mich bei diesem Gedanken? ...

6. Bin ich bereit, am Ende einer jeden Woche eine kurze **Rückmeldung** zu geben, die auch für mich selbst ganz wichtig sein kann:
   – wie es mir im allgemeinen ergangen ist ...
   – welche guten Erfahrungen ich gemacht habe ...
   – welche schlechten Erfahrungen ich gemacht habe ...
   – was mir sonst noch wichtig geworden ist ...
   Wie fühle ich mich bei dieser Aussicht?

7. Als letztes erbitte ich mir von Ihnen eine kleine eigene Meditation – eine **Metaphermeditation**[35]: Das heißt, ich bitte Sie darum, still zu werden und zu warten, ob Ihnen ein Bild einfällt für: **Das Kreuz ist für mich wie ...**

Ihre Karin Johne

Reaktionen der Teilnehmer/innen auf die Einladung

Motivationen, sich zu diesem Briefkurs anzumelden

- Ich möchte die Fasten- und Osterzeit tiefer erleben durch Führung.
- Ich möchte die Fastenzeit bewußt wahrnehmen. Seit acht Jahren leiste ich persönliche Verzichte während der Fastenzeit, ich bin gespannt auf Erfahrungen und begleitendes Echo darauf.
- Keine Vorstellung bisher.
- Ich bekam die Anregung durch meine Frau; ich möchte Meditation des Kreuzes als Bestandteil theologischer Existenz entdecken und mich auf diese Weise dem Zentrum christlichen Glaubens nähern. Ich erhoffe mir eine Vertiefung der Verkündigung. Und ich möchte nicht allein bleiben, sondern auch von anderen lernen – und eigene Erfahrungen mitteilen.
- Ich erhoffe Auferstehungserfahrung.
- Ich kenne den „Geistlichen Übungsweg" und habe das Bedürfnis, Gott intensiver zu suchen und zu finden.
- Der „Geistliche Übungsweg" in einer Gruppe hat mir gutgetan. Durch Mystik hoffe ich, neue Räume zu entdecken.
- Ich suche nach weiterer, tieferer Erkenntnis, wünsche mir Austausch.
- Das Thema ist für mich ein Fragezeichen. Warum geht der Weg zur Erlösung nur über das Kreuz? Warum mußte Jesus ans Kreuz, damit ich Vergebung erfahren

und einst beim Vater sein darf? Darüber möchte ich intensiv meditieren. Ich erhoffe intensivere Meditationszeit im Bewußtsein des Getragenseins von der Gemeinschaft. Mir ist die Möglichkeit des Dialogs sehr wichtig.

- Ich habe mit „Christsein im Alltag" gute Erfahrungen gemacht und erhoffe ähnliche Anregungen und Hilfen zur Vertiefung und zur Ermutigung.
- Ich nahm teil an einem Meditationskurs und möchte auf dem dort begonnenen Weg weiterkommen.
- Ich will bewußt die Fastenzeit durchleben, habe aber keine Möglichkeiten, anderweitig an Kursen teilzunehmen. Ich finde es gut, durch das Schreiben „länger dranzubleiben". Ich erhoffe mir einen intensiveren Zugang, eine Hilfe vielleicht zu einem intensiveren Ostererlebnis. In mir ist die Hoffnung, auch anschließend zu regelmäßiger Gebetszeit zu finden.
- Es ist gut, hin und wieder eine Verpflichtung gemeinsam mit anderen Menschen einzugehen. Ich hoffe, durch Anregung und Austausch zu einem intensiveren Nachdenken zu kommen.
- Ich brauche dringend Hilfe für mein geistliches Leben.
- Ich habe mehrfach schon mit dem „Geistlichen Übungsweg" meditiert, bin aber allein nicht weitergekommen.
- Ich suche danach, Christus zu begegnen, mir erneut die Zusage schenken zu lassen, daß ich angenommen bin. Ich erhoffe mir offene Augen und Tiefgang für mein Leben, damit meine Verkündigung glaubhaft ist! Weg von meinem Drang nach Anerkennung und Selbstsicherheit, ganz auf Christus schauen und lernen, von ihm gehalten zu werden.
- Mir geht es darum, dem Geheimnis des Kreuzes, das mich schon seit Jahren beschäftigt, immer tiefer auf die Spur zu kommen, einschließlich dem Geheimnis der Erlösung.

- Ich bin dankbar für den letzten Meditationskurs, es war genau richtig, ich erhoffe mir vertiefende, ganz eigene Erfahrungen im Glauben, besonders zu der angegebenen Thematik.
- Intensives Miterleben der Fasten- und Passionszeit.
- Mir gefällt es, daß der Kurs in der Passionszeit ist, ich hoffe, daß diese Zeit für mich Wert und Farbe bekommt.
- Weil ich schon lange auf Einkehrtage verzichten muß, will ich diese Möglichkeit zur Vertiefung meines Glaubensweges wahrnehmen. Zuerst war mir die Thematik nicht so wichtig, aber ich habe mich jetzt darauf eingestellt und möchte dem Geheimnis des Kreuzes näherkommen …
- Ihn möchte ich erkennen und die Kraft seiner Auferstehung und die Gemeinschaft seiner Leiden und so seinem Tode gleichgestaltet werden, damit ich gelange zur Auferstehung von den Toten (Phil 3,7ff).
- „Sehnsucht nach der Erlösung".

Metaphermeditation:
Das Kreuz ist für mich wie ...

- eine **Wegmarkierung**. Sie ist sehr wichtig, oft unscheinbar. Wenn ich mich nicht daran orientiere, verliere ich die Richtung – dann erlebe ich Freude beim Wiederfinden.
- ein **Erinnern** an Christi Leiden und Sterben.
- eine **Wurzel** eines sehr alten Baumes, ich kann sie nicht ausgraben.
- die ausgebreiteten **Arme** eines Menschen, von dem ich vorbehaltlos angenommen bin.
- die **eherne Schlange,** zu der ich aufschauen kann und nicht sterben muß.
- ein kostbares **Bild** in meinem Zimmer, an das ich mich leider zu sehr schon gewöhnt habe.
- ein **chiffrierter Text,** den ich schon manchmal entschlüsselt habe, aber immer wieder muß ich anfangen, ihn neu zu entschlüsseln.
- das große **Los**. Aber ich weiß gar nicht, ob ich es gewinnen will. Es würde ja mein Leben total umkrempeln.
- eine kostbare **Blutkonserve** meiner Blutgruppe. Sie rettet mein Leben.
- die **Markierung eines Wanderwegs,** der ich vertraue, daß sie sicher zum Ziel führt.
- ein **Koan** – ein Schlüssel zum wahren Leben.
- der **Finger Gottes** *(ein schwerbehinderter Mensch fand dieses Bild).*
- ein **Symbol für Angst, Schrecken und Dunkelheit;** erst wenn ich diesen Gedanken überwunden habe, kann ich an Licht, Liebe und Gnade denken.
- eine **Zerreißprobe** – ein Ausgespanntsein in allen Dimensionen des Lebens.
- ein **Hinweis auf Gott** – ein Heraus aus dem Weltgetriebe.
- ein bedrohlicher dicker schwarzer **Balken,** der vielmals größer ist als ich.

- eine **Kindheitserinnerung** – ein Zeichen für etwas, wo ich zu Hause war.
- ein **vertrautes Erkennungszeichen** – (etwas Persönliches, zu Persönliches, worüber man mit anderen nicht spricht).
- eine **Last,** die wir uns gegenseitig aufladen: einer das Kreuz des anderen. Im Anschauen des Kreuzes empfinde ich aber gleichzeitig Heimat, Zuflucht, sehe die ausgebreiteten Arme ...
- das **Begehen einer Brücke,** aus Seilen geknüpft, über einer tiefen Schlucht (China, Asien). Ich muß diese Probe eingehen, sonst verliere ich mein Leben.
- ein **Weizenkorn,** das in die Erde fällt und stirbt und zu seiner Zeit Frucht bringt: vierzig-, sechzig-, hundertfach.
- das **Durchschneiden** des geradlinigen Lebens – die Zerrissenheit der Unentschiedenheit, wohin es geht.
- ein **Scheidepunkt** (Schnittpunkt) von zwei Wegen mit unterschiedlichen Zielen.
- eine **Selbstaufgabe** unter Schmerzen.
- das **Angenageltsein,** es gibt keine Begegnung und keine Veränderung mehr.
- ein wenig **Wasser,** das eine fast vertrocknete Pflanze auftanken läßt und dennoch versickert.
- ein **Anker,** der mein Seins- und Lebensschiff immer wieder an den Ort zurückzieht, wo es fest ist, wenn auch unter Schmerzen.
- das **Zentrum,** wo meine Glaubenserfahrungen, meine Hoffnungen und Fragen zusammenfließen, einmünden, der Mittelpunkt, von dem mir Trost und Hilfe und Kraft zuwächst.
- eine **Prüfung,** vor der ich nicht weiß, ob ich sie bestehen werde.
- eine **Wanderung,** auf der man täglich die Zelte abbrechen und neue errichten muß.
- ein schmaler und gefährlicher **Eingang in eine Höhle,** durch den man sich hindurchzwängen muß.

Begleitende Briefe
während des Kurses

Bitten um wöchentliche Rückmeldungen

Nicht nur zu Beginn, sondern am Ende jeder Woche bat ich die Teilnehmer/innen darum, einige Fragen gezielt zu beantworten. Die meisten der Fragen waren für alle Wochen die gleichen, einige ergaben sich unmittelbar aus den Übungen der jeweiligen Woche:

1. Wie erging es mir mit der stillen Zeit?
   - Wie ging es mit der Regelmäßigkeit?
   - Was erlebte ich als positiv?
   - Was erfuhr ich als negativ?
2. Welche Meditation sprach mich am meisten an?
3. Mit welcher Meditation kam ich am wenigsten zurecht? (Dafür können objektive, aber auch subjektive Gründe die Ursache gewesen sein, ohne daß ich mich deshalb verurteilen darf – ich darf mich unter keinerlei Leistungsdruck oder Erfolgszwang stellen.)
4. Wie erging es mir mit den einzelnen Übungen?
   - (gut, weniger gut, schlecht oder ähnlicher kurzer Rückblick)
5. Was ist mir besonders wichtig geworden?
6. Wo sind noch offene Fragen bei mir?
7. Was möchte ich gern den anderen noch mitteilen?

Auszüge aus Briefen für die Gesamtgruppe

AUS BRIEF 1:

Liebe Teilnehmer/innen unseres Briefkurses!

Heute schicke ich Ihnen nun, wie versprochen, die erste Sendung – die Einführung und die Übungsangebote für die erste Woche ...

Und wie ich es versprochen hatte, will ich Ihnen nun auch die „Kreuz-Metaphern" der anderen Teilnehmer/innen schicken, ebenso wie die verschiedenen Motivationen derer, die sich für diesen Kurs angemeldet haben. Sie werden verstehen, daß ich das nur in Stichworten tun kann – und daß ich allzu Persönliches gestrichen habe. Aber mir ist gerade beim Lesen der ersten Auswertungsbögen deutlich geworden, wie sehr sich viele von Ihnen gerade ein Stück gegenseitigen Austausches wünschen. Deshalb lege ich Ihnen auch die Teilnehmerliste bei ...

So wünsche ich Ihnen Gottes reichen Segen für diesen Weg. Betreten Sie ihn in großer Offenheit und Bereitschaft für das, was Gott in dieser Zeit mit Ihnen tun möchte.

Ihre Karin Johne

AUS BRIEF 2:

Liebe Teilnehmer/innen unseres Briefkurses!

Herzlich danke ich für alle Briefe, die mich mit den beantworteten Fragen erreichten. Die Briefe, die ich bisher bekam, zeigen mir, mit welcher tiefen Motivation Sie sich zu diesem Weg entschlossen haben.[36] Ich erbitte von Gott, daß Sie finden mögen, was Sie sich erbitten – und bitten Sie auch selbst dringend darum.

Interessant war mir, daß ich für die erste Woche für alle Übungsangebote von irgend jemandem die Mitteilung bekam, gerade diese Übung habe ihn am meisten angesprochen. Ich wünschte mir, daß das so bliebe.

Hier kommen nun die Übungsangebote für die zweite Übungswoche. Vielleicht wundern Sie sich, wie sehr meine Thematik in diesen beiden Wochen von dem abweicht, was wir gemeinhin unter „Kreuz" und „Erlösung" verstehen. Aber gerade aus manchem Ihrer Briefe wurde mir wieder neu deutlich, daß es bei diesem Thema so manchen Vorbehalt gibt – und deshalb halte ich es für besonders wichtig, einmal von einer ganz anderen Seite her an diese Thematik heranzugehen, als es in unserer normalen kirchlichen Verkündigung geschieht.

Vertrauen Sie sich bitte einfach einmal diesem anderen Weg an – aber ich bitte Sie herzlich darum, daß Sie mir zum Schluß sagen, ob es Ihnen zu fremd war oder ob auch Ihnen dieser Ansatz hilfreich war. Mir ist es sehr wichtig, Ihre offene Meinung und auch Kritik dazu zu hören. Aber das hat Zeit bis zum Schluß, damit es nicht den inneren Prozeß zerstört. Kritik und Meditation liegen auf völlig verschiedenen Ebenen.

Persönlich antworte ich Ihnen nur dann, wenn mir an Ihren Rückäußerungen etwas Besonderes auffällt, sonst gehen die Fragen in die allgemeinen Briefe ein, die ich jede Woche mitschicke, denn was für den einen „fraglich" ist, wird es wahrscheinlich auch für manchen anderen sein ...

So grüße ich Sie alle in herzlicher Verbundenheit unseres gemeinsamen Weges!

Ihre Karin Johne

AUS BRIEF 3:

Liebe Kursteilnehmer/innen!

Immer wieder spüre ich in meinem Dienst, daß Gott mich sehr genau beim Wort nimmt: Was ich anderen „anbiete", das kommt oft in einer unwahrscheinlichen Deutlichkeit auf mich selbst zu: „*auf daß ich nicht anderen predige und selbst verwerflich werde*". Möge Gott mich davor bewahren.

Ganz tief haben mich Ihre Rückmeldungen und persönlichen Mitteilungen bewegt – ich habe alles gründlich gelesen und auf mich wirken lassen. Am liebsten würde ich Ihnen sofort an allem teilgeben, was mich auf diese Weise erreicht hat, aber hier sind im Augenblick meine Grenzen erreicht. So kann ich nur einiges auswählen als Zeichen dafür, wie unsagbar reich eine einzige Meditation sein kann, wenn sich viele darauf einlassen. Ich hatte ja nicht mit so vielen Teilnehmern gerechnet! „*Und was ich nicht kann, das will Gott auch nicht von mir*", schrieb mir einmal ein geistlicher Begleiter.

So schicke ich Ihnen heute die Übungsangebote für die weiteren Wochen zu, damit Sie auf Ihrem Weg weitergehen können – und vielleicht hat es auch sein Gutes, wenn Sie wirklich erst einmal Ihren ureigenen Weg gehen, um erst später auf sich wirken zu lassen, wie die eine oder die andere Übung von jemand anderem erfahren und angegangen worden ist. Darin liegt dann ein neuer Reichtum begründet – aber auch die Aufgabe, bei manchem, was andere meditiert haben, einfach zu sagen: Mein Weg ist anders. Wie wichtig ist es, diesen Mut aufzubringen – dazu hilft uns gerade solch ein eigener Meditationsweg.

Ich hoffe, daß Sie sich, jede/r in ihrer/seiner Weise, auf diese gegenseitige Bereicherung einlassen können.

So grüße ich Sie in herzlicher Verbundenheit unseres gemeinsamen Weges!

Ihre Karin Johne

Antworten
der Teilnehmer/innen

Umgang und Erfahrungen mit und in der stillen Zeit

GUTE ANFANGSERFAHRUNGEN:

- Ich kam regelmäßig zur Stille, außer an Tagen, wo ich Besuch hatte ...
- Ich habe täglich die Stille realisiert ...
- Die stille Zeit tat mir gut, regelmäßig abends nach der Hausarbeit, ich fühlte mich entkrampft, Probleme erschienen kleiner als sonst ...
- Nach einigen Tagen gelang die Konzentration besser, Geräusche störten mich nicht mehr ...
- Mir erging es ganz gut, manchmal machte ich zwei Übungen an einem Tag ...
- Es war gut, Zeit und Stille zu haben, um zur Besinnung zu kommen ...
- Ganz gut ging es bei mir am Mittag ...
- Es ging gut, es war positiv, daß ich „in Pflicht" genommen war ...
- Mit Lücken, gut war der „Zwang" durch vorgegebenen Text ...
- Es geht gut, ich freue mich täglich auf die Zeit der Stille ...
- Ich hatte keine Schwierigkeiten ...
- Als ich das erste Mal den Raum der Stille erlebte, war das Empfinden so stark, daß es mir schwerfiel, in die

anderen Räume mit ihren Geräuschen zurückzukehren. Es tat fast weh, aber auf der anderen Seite war es auch beglückend, die Stille so intensiv zu erleben …

– Es war positiv, überhaupt wieder zu regelmäßiger Stille zu kommen. Negativ erfahre ich meine Müdigkeit …

– Mit einer Ausnahme ging es gut. Positiv war für mich die Regelmäßigkeit, ich war unterschiedlich ansprechbar, aber auch das erlebte ich nicht als negativ …

– Gut und nützlich war die innere Stille – leider war keine Möglichkeit danach zum Austausch …

– Die Regelmäßigkeit gelang so einigermaßen. Wichtig wurde mir, daß Stille eine ganz neue Erfahrung sein kann, die Störungen störten mich sehr …

– Es gelang mir regelmäßig, zum Teil zweimal täglich, die fruchtbarste Zeit ist für mich am frühen Morgen oder am späten Abend …

– Es ist mir schwergefallen, da ich abends oft kaputt bin und Mühe mit der Konzentration habe, manchmal ständiges Rasen von Gedanken; jedoch, wenn es gelang, dann genoß ich den Raum der Stille …

– Es war positiv, Stille bewußt zu erleben, mir einen Raum der Stille bewußtzumachen …

– Früh ging es gut. Fester Plan war positiv. Gedanken kamen auch später noch im Laufe des Tages …

– Unregelmäßig, die „Rückmeldepflicht" aber hilft mir, dranzubleiben und nicht aufzugeben …

– Für kurze Zeit eine tiefe, innere Ruhe, die aber bald wieder verschwand …

– Ich warte in der Stille darauf, daß Gott mich führt …

– Gut war die „Selbstverpflichtung" zu dieser Zeit …

– Gut, jeden Tag zur spätmöglichsten Tageszeit geschafft! Es war wie Zurückkommen in vertraute Räume. Dabei kann ich den Ort auch manchmal wechseln …

Schwierigkeiten:
- Unregelmäßig (falsche Zeit) ...
- Es war für mich ganz schwer, den Kopf freimachen zu können von dem, was mich sonst noch beschäftigt ...
- Ich habe Angst, es nicht richtig zu machen, ich stehe unter Leistungsdruck ...
- Ruhe kann man nicht erzwingen – ich hatte nur 25 Minuten Zeit ...
- Ich wollte gar nicht in der Ruhe verweilen; mich lieber der Unruhe aussetzen, mich von ihr beherrschen lassen ...
- Bei mir bestimmen noch zu sehr die Gedanken, anstatt die Dinge wirken zu lassen und auf die Gedanken zu warten ...
- Ich erfahre dauernde Störungen während der stillen Zeit ...
- In mir ist Unruhe, mangelnde Konzentrationsfähigkeit über längere Zeit ...
- Die Gedanken kamen schwer zur Ruhe, ungestört bin ich nur früh richtig, aber müde, ebenso wie abends ...
- Der Druck, in der Gebetszeit etwas erreichen zu wollen, ist stark ...

ERFAHRUNGEN MIT DER STILLE IM VERLAUF DES ÜBUNGSKURSES:

Die Frage an die Teilnehmer/innen hatte gelautet: Ging es mit der stillen Zeit besser oder schlechter als in der ersten Übungswoche?

Die Antworten:
- Sehr kurz, leider. Schlechter als in der ersten Woche, abgespannt ...
- Ich suche die stille Zeit. Zu Beginn der zweiten Woche fand ich nicht den tiefen Zugang zu den Angeboten ...
- Mir ging es gleich gut wie in der ersten Woche ...

- Es ging meistens gut, besser als in der ersten Woche …
- Von der Regelmäßigkeit her gut. Zu verschiedenen Tageszeiten zu meditieren, habe ich als nachteilig erlebt, ich möchte feste Zeiten einhalten …
- Die Stille war weniger intensiv, dafür „verfolgten" mich die ersten Bilder immer wieder und holten mich ein …
- Nicht besser, aber auch nicht schlechter, ich machte neue Erfahrungen …
- Durch Krankheit war ich dem Alltagsstreß nicht ausgesetzt, ich hatte Stille und feste Zeiten …
- Es war wesentlich mühevoller, oftmals Kampf gegen die Müdigkeit …
- Gut …
- Besser …
- Ich hatte Besuch, liebe Freunde, ich lud sie ein, mit mir zu meditieren, sie fanden es sehr gut und wohltuend, aber für mich war es ganz anders, beinahe möchte ich sagen: weniger tief als in der letzten Woche …
- Anders als in der ersten Woche. Die Zeit war knapper und auch die eigenen Gedanken. Aber ich empfand: „Alles vor Gott, alles aus Gott" und Gott nahe dran an mir …
- Es ging etwas besser – ich habe mich nicht selbst unter solchen Druck gesetzt. Wechselnde Gefühle: Einerseits erlebe ich als wohltuend, dies regelmäßig zu tun, ja, ich freue mich auch darauf, andererseits ist es doch auch ein richtiger Kampf, mich darauf zu konzentrieren. Immer dann, wenn ich mir tagsüber nicht die Zeit nehme und es für abends übrigbleibt, gelingt es mir nur noch sehr schwer, mich zu sammeln …
- Schlechter, da ich sehr viel unterwegs war und dann abends zu Hause alles auf mich einstürmte. Da mir zu Hause oftmals die nötige Konzentration und Ruhe fehlt, versuche ich, Meditation auch in anderen Bereichen zu praktizieren, z. B. bei Wartezeiten, beim Autofahren usw. …

- Häufig Störungen (weniger von außen) ...
- Ich suche immer neu die stille Zeit ...
- Nicht so gut wie zu Beginn ...
- Gute andere Texte und Bilder fielen mir ein ...
- Die frühe Morgenstunde war kein Problem. Viele Fragen „verfolgten" mich über den Tag ...
- Ich fand die Stille täglich, aber die Fülle des Stoffes ließ mich einfach nicht in die Tiefe kommen ...
- Gut ...
- Gut, allerdings brauchte ich nach anstrengenden Tagen einige Disziplin, war dann aber immer froh ...
- Die einzelnen Meditationen haben mich sehr angesprochen, es war an jedem Morgen erfüllte Zeit ...
- Ich kam wieder rein, obwohl ich den Mut schon fast aufgegeben hatte ...
- *Ein* stiller Abend hat die Störungen der anderen Tage vergessen lassen ...
- Schwierig, da wir die ganze Woche Besuch hatten, nur unregelmäßig im Zeitplan unterzubringen ...
- Durch Krankheit bedingt unregelmäßig, aber in Abschnitten gut ...
- Öfter gab es Zeitprobleme, aber ich hatte mich jeden Tag auf diese Zeit gefreut ...

Antworten zu weiteren Fragen an die Gesamtgruppe

ZWISCHEN WELCHEN POLARITÄTEN IST UNSER LEBEN AUSGESPANNT?

- Tag – Nacht.
- Schlafen – Wachen.
- Leben – Tod.
- Einatmen – Ausatmen.
- Freude – Trauer.
- Kleine Freuden – tiefes Leid.

138

- Nähe – Distanz.
- Tätigsein – Ruhen.
- Gelingen – Mißlingen einer Arbeit.
- Geben/Schenken – Annehmen/Empfangen.
- Wollen – Lassen.
- Gewißheit – Zweifel.
- Bezogenheit auf Gemeinschaft – Sehnsucht nach Alleinsein.
- Leben aus der Tradition – Freude an Spontaneität.
- Vernunft – Gefühle.
- Angst – Mut zum Risiko.
- Haben/Festhaltenwollen – Schenken/Strömenlassen.
- Arbeit – Ruhe.
- Ordnung – Chaos.
- Zufriedenheit – Unzufriedenheit.
- Liebe, die ich schenke – Liebe, die ich empfange.
- Glückliche Stunden, wo ich mühelos schlafen kann, die Arbeit gelingt, ich habe Erfolg, mein Herz wird weit, ich freue mich an allem, was lebt – Zeiten, wo ich dauernd an Grenzen stoße, ich komme nicht voran, ich bin wie festgefahren, verzagt an mir selbst.
- Blühen – Verblühen von Pflanzen.
- Treffen von Menschen – Abreise, Abschied.

WIE ERFAHRE ICH TOD UND LEBEN IN DER KLEINEN MÜNZE DES ALLTAGS?

- „Leben" erfahre ich in der immer neu geschenkten Freude an Gott in seinem Wort, im Gebet, an allen seinen Gaben, auch an den kleinen alltäglichen Dingen. Leben kann sein wie eine kleine Auferstehung, wenn Belastung weicht, wie Gesundwerden nach Krankheit, neue Kraft bekommen, wenn sich bei schweren belastenden Fragen ein Lichtblick zeigt, eine Lösung gefunden wird ...

- „Tod, Sterben" erfahre ich bei Mißerfolgen in der Arbeit
  ... ich bin wie niedergeschlagen. Oder wenn ich etwas
  Wichtiges vergessen oder verkehrt gemacht habe ...
- Im Zusammenleben mit Menschen, die sich mißmutig
  oder depressiv äußern oder tagelang beleidigt schwei-
  gen – das war jedesmal wie ein Sterben ...
- Beim Schlafen: Dieser passive Zustand schenkt neues
  Leben, neue Kraft ...
- Beim Altern: Jeden Tag stirbt etwas in uns ab ...

Rückmeldungen zu einigen Übungen[37]

„ZU-HAUSE-SEIN":

Was bedeutet für mich Zu-Hause-Sein?
- Ausruhen, Oase, Geborgenheit, Heimat, Rast nach
  einer Wanderung, Quelle der Ermutigung, Licht in
  Finsternis, Ich-sein-Dürfen ohne Masken ...
- Geborgenheit, Sorgepflicht für meine Familie, Entspan-
  nung; hier bekomme ich Liebe ...
- Bei Menschen sein, die ich liebe, die mich lieben, wo ich
  so sein kann, wie ich bin, wo ich mich loslassen kann ...
- In einer Landschaft sein, die ich kenne, die ich von klein
  auf oder erst später lieben gelernt habe ...
- Eine Sprache hören oder einen Dialekt einer Gegend, in
  der ich einmal gewohnt habe ...
- Für mich eher Sehnsucht nach Heimat, Wärme,
  Geborgenheit, Angenommensein. Da habe ich Haus-
  recht, da bin ich unangefochten. Da habe ich Existenz-
  berechtigung auch mit meinen dunklen Seiten. Und
  Trost, Liebe, Rat (Ps 84) ...
- Geborgenheit, vorbehaltloses Angenommensein. Ich
  verliere Ängste, ich werde erwartet; Hoffnung und
  Sehnsucht, die sich in dieser Welt nie erfüllt. Ich kann
  sein, wie ich bin ...

- Geborgenheit, so sein, wie ich wirklich bin, mich fallen lassen – mit mir selbst (und mit Gott) im Einklang sein – und mit allem, was mich umgibt = beglückender Zustand. Verspannungen sind weg – tiefer Frieden in mir ...
- Vertraut sein mit den Menschen (Familie, Hausbewohner, Nachbarn), vertraut sein mit den Dingen, daß alles seinen Platz hat, wo ich es finde; wo ich mich wohlfühlen, den eigenen Raum („Spielraum") haben kann. Ich darf so sein, wie ich bin, mit meinen Gewohnheiten ...

Erfahrungen bei der Meditation
über das Zu-Hause-Sein:
- Ich habe das „Zu-Hause" als Hilfe neu entdeckt ...
- Es ist sehr gut, daß es auch für mich ein Zu-Hause gibt, trotz aller Unsicherheiten ...
- Diese Meditation wurde für mich zum Fundament aller folgenden Meditationen. Jeden Abend wurde für mich dieses Nach-Hause-Kommen zum kostbaren Erlebnis ...
- Die Übung des „Zu-Hause" hat mir gutgetan, ich habe Heimat gespürt ...
- Meine Tochter zeigt mir die Ambivalenz: Einerseits will sie immer weg – dann wieder: die Freude, zu Hause zu sein (Spielzeug, Zimmer) ...
- Es war eine gute Übung, zunächst aber war eine Sperre da: Ich wollte mir nicht eingestehen, daß es auch in mir den Wunsch und das Verlangen nach einem Zu-Hause gibt ...
- Zu-Hause: Nicht an einen Ort, sondern an Personen gebunden. Ich brauche die Wertschätzung, daß ich angenommen bin, daß ich geliebt werde ...
- Ich fühle mich oft bei anderen mehr „Zu-Hause" als in meinem Heim ...
- Ich habe mich richtig darüber gefreut, daß Gott mir ein Zu-Hause anbietet (Verlorener Sohn) ...

- Die Anregung zu Beginn sprach mich nicht an. Besser gelang es, die Liebe Gottes zu berühren ...
- Es war wichtig, mir diesen Raum bewußt zu machen ...

DAS RADKREUZ:

- Einige Vergleiche fielen mir ein, Symbole wie Fenster, Weltkugel. Gut, daß das Kreuz farblos war, schlicht. Das Geordnetsein auf mich wirken zu lassen war angenehm ...
- Mittelmäßig ...
- Sehr gut und sehr tief (ich war sehr tief berührt, es wurde ein Echo in mir geweckt, ohne daß ich dies in Worte fassen kann. Ich habe mein Kreuz ausgemalt: weißes Kreuz, gelber Grund, blauer Kreis). Ich habe gemerkt, daß so ein Symbol wie das Radkreuz ganz tief in mir drin ist! Das war mir bisher nicht bewußt, daß ich damit „herumlaufe". Als ich es lange angeschaut habe, habe ich mich sehr gefreut ...
- Das Radkreuz erinnerte mich zuerst an einen Sehtest beim Augenarzt. Wenn ein Auge krank ist, sieht es anders, das gesunde Auge muß es ausgleichen. Bedeutsam für mich, daß das Gesunde das Kranke aufzuheben vermag. Dies kann ich übertragen auf die Gemeinde, den Leib Christi. Und auch bei mir kann das Gesunde das Kranke ausgleichen (Gefühle – Verstand) ...
- Gut, mir erscheint in dem Radkreuz alles Tun gleichwertig – wie ist das möglich? ...
- Ich habe lange vor dem Symbol verweilt, es tat gut, im Augenblick zu leben ...
- Gut: Staunen und Freude darüber, was die Begegnung mit dem Symbol des Radkreuzes bei mir auslöst ...
- Sehr gut: Ich stehe an einer Wegkreuzung ... es war so heilsam, das Kreuz begrenzt zu sehen! Und egal, welchen Weg ich gehe – durch den äußeren Ring schneide ich immer wieder die anderen Punkte. Das half mir zur

Klarheit und Entschiedenheit. Beim Aufschauen hin zu Gott ging „der Himmel für mich auf", gingen die nach oben gerichteten Stücke wie beim Scheibenwischer auseinander – nach rechts und nach links – bis an den Querbalken. Licht – Aufatmen – Weite ...
– Das Rad dreht sich, doch das Kreuz bleibt stehen ...
– Gut ... es stellten sich sofort vielfältige Assoziationen ein ...
– Ich freue mich auf die gewohnte Stunde, fühle mich erfüllter als sonst und „vollziehe" täglich das Radkreuz auf dem Papier und an mir das Kreuz.

VERGANGENHEIT – ZUKUNFT:

– Die Mitte, die momentane Verweildauer, hat mich sehr angesprochen: „Zwischen Vergangenheit und Zukunft" ... Ich bin dankbar für Begrenzung – bis zum Rand – mehr kann ich nicht bewußt denken ...
– Gut, vor allem in Verbindung mit dem Atem ...
– Zuerst kamen viele Gedanken, dann: von Atemzug zu Atemzug leben, Vergangenheit und Zukunft fallen zusammen ...
– Zuerst war in mir Widerstand: Mein Leben ist schon so lang ... Aber dann hat mich das viele gute Erleben, das auftauchte, sehr beglückt und dankbar gemacht, auch dankbar, daß mein Versagen und schlimme Stunden im Raum der Liebe Gottes auftauchten und ich von seiner Güte und Vergebung weiß ...
– Die Vorstellung vom „Vergangenheitsbalken" und „Zukunftsbalken" war mir zunächst sehr fremd und auch sehr umfassend, das fiel mir schwer ...
– Das Zurückschauen in die Vergangenheit tat mir gut. Positive und negative Erinnerungen kamen: Erfahrungen, die meinem Leben Tiefe geben ...
– Gut, besonders wichtig wurde mir das In-mich-Hineinhören: Vergangenheit – Zukunft ...

- Diese Meditation sprach mich am meisten an, weil hier am deutlichsten ein geschichtlicher Bezug herzustellen war und hier die eigene Lebensgeschichte und die Geschichte des Kreuzes Jesu für mich am ehesten in Zusammenhang gebracht werden konnten ...
- Ordnende Kraft – Weltall mit seinen Gezeiten ...
- Vergangenes bestimmt mich auch heute ... wie gern wäre ich manchmal die Vergangenheit los ... Zukunft: Es macht mich unruhig, nicht zu wissen, was kommt ...
- Mein „vorsündhafter Zustand" (von Gott als sein Ebenbild geschaffen) bestimmt mich auch noch heute ... dann doch zur Ruhe gekommen, Ruhe gespürt – Gott geht auch durch die Unruhe mit uns ...
- Das Bedrückende der Vergangenheit, das Ungewisse der Zukunft habe ich ausgesprochen und ausgeatmet und neu Hoffnung bekommen, vertrauensvoll in die Zukunft zu blicken ...
- Nach anfänglichem, fast körperlichem Widerstand konnte ich mich gut hineinbegeben ...

ICH SUCHE MEINE MITTE:

- „Mitte" gut ...
- Es war sehr hilfreich, mich in dem begrenzten Rahmen/ Kreis frei zu bewegen, nach Ausflügen außerhalb des Kreises in der Mitte wieder auftanken zu können, zu wissen, wo ein Fixpunkt ist ...
- Gut, aber auch schmerzhaft ...
- Die Übung hatte eine nachhaltige Wirkung: Kreuz Christi – er selbst prägte sich in mich ein ...
- Schlecht – ich weiß nicht, wo meine Mitte ist ...
- Sehr gut, ich bin hier hängengeblieben, beim Nachdenken über die eigene Mitte ...
- Meine Mitte ist da, wo ich ganz bei mir selbst bin, ganz bei Gott bin, ganz zufrieden bin, glücklich bin, wo ich froh bin, wo ich mich an *allem* freuen kann, anderen

Freude machen kann ... Sie ist nicht dort, wo Zweifel, Sorge und Schuld Filter sind, welche die Liebeszuwendung Gottes nicht völlig fließen lassen ...

ICH ERLEBE MEINE GRENZEN:

- Intensives Nacherleben, wie schwer es war, mich selbst anzunehmen ...
- Leiden an meinen Grenzen: Nicht mehr denken, nur noch danken und mich verwandeln lassen. In der Mitte Ruhe finden, bei mir selbst in Gott sein = angenommen sein ... es war körperlich spürbar ...
- Das Nachdenken und Anschauen des begrenzenden und schützenden Ringes: Das ist eine enorme Aussage. Es wurde mir bewußt, der Ring (Kreis) hat keine Ecken und Kanten, ich stoße mich nicht. Begrenzungen erfahre ich durch ..., wenn ich wieder und wieder ihre Last mittragen muß, auch durch eigene Ängste – Angst engt ein – ich kann das alles über den Kreis hinauswerfen – dabei wurde mir bewußt: Gott wendet sich mir zu, er ist ganz für mich da, darum möchte ich in dieser Zeit ganz gesammelt vor Gott da sein – ich stelle die Menschen, die mir zu tragen geben, hinein in den Kreis der Liebe Gottes, das ist Hilfe, entlastend ...

MEIN KÖRPER IN KREUZFORM:

- „Mein Körper in Kreuzform": Die körperliche Dimension ist gut ... Wichtig ist mir der Gedanke: Der Querbalken hält das Gleichgewicht ...
- Wie schnell erreiche ich die Grenze des Aushaltenwollens! – Auch wenn ich Grenzen sprengen will, umschließt mich Gott von allen Seiten! Ich muß mich nicht klein machen und in den Mutterschoß zurückkriechen ...

145

- Es tut gut, in Kreuzform auf dem Boden zu liegen, es macht mir meine Erdverbundenheit bewußt – ich finde es angenehm, so zu liegen, kann mich aber nicht so gut in die Kreuzform hineinfühlen ...
- Der untere Balken mit den Begrenzungen sprach mich am meisten an. Er erschien mir wie ein Anker – wie eine „Verwurzelung" ...
- Meine „Wurzeln" – Beim Nachdenken sind mir viele meiner Wurzeln wieder bewußt geworden (Erinnerungen an Elternhaus, Kindheit, Jugendzeit, theologische Wurzeln) – Es ist wie bei „echten" Wurzeln: Meine Wurzeln sind verdeckt – eben unter der Erde –, aber sie sind doch da ...

DER „BLÜHENDE KREUZBAUM":[38]

- Das „Lebenskreuz" erlebe ich als gut, das war überraschend nach einem ersten, befremdlichen Anschauen ...
- Widerstand: Dieses Kreuz ist mir zu schön, auch wenn es voller Symbolik ist. Meine eigene momentane Passion kann ich in diesem Bild nicht wiederfinden ...
- Das Kreuzbild hat mich sofort sehr angesprochen. Ich habe das Bild lange betrachtet, habe gestaunt über die Aussage der beiden Bäume, sie sind einander so ähnlich in der Form, der Baum des Todes hat nichts Bedrohliches, nichts Kämpferisches, nichts Vernichtendes an sich; in dem Sich-Neigen, Sich-Beugen der Bäume liegt eine große Gelassenheit, es ist einfach schön anzusehen, ich habe lange verweilt, für mich liegt darin – oder geht davon aus – eine große Stille, fast möchte ich sagen: die Stille der Anbetung; der Baum des Todes hat seine Schrecken verloren, beide Bäume neigen sich zur Mitte des Kreuzes, zum Herzen Jesu, berühren sich und tragen Frucht. – Der Querbalken des Kreuzes liegt über den sich neigenden Bäumen, eine für mich starke Aus-

sage zur Inschrift: Jesus Christus *siegt*. Mir fällt dazu ein: Röm 8,38f: Weder *Tod* noch *Leben* kann uns scheiden ...

– Das Kreuz als Baum hat mich am stärksten angesprochen, es hat mich tief beeindruckt durch seine vielfältige Symbolik ... Die Blumen: Das Kreuz läßt Leben aufblühen – Sterne, Sternenhimmel: Sie leuchten, sie erleuchten den Weg ... – Auf den Pflanzen sitzen Vögel – rechts (auf dem Efeu) eine Taube = Sein Tod hat uns den Frieden gebracht ... Getier erinnert an die Schöpfung: Von Anfang an ist das Kreuz mit dabei – Die Pflanzen winden sich wie Schlangen hoch – Am Kreuz selbst kann sich keine Schlange hochwinden ...

– Ich habe mein Kreuz einfach wachsen lassen ...

– In den beiden Büschen rechts unten sehe ich bittende Hände ...

– Zunächst nur trocken, dann – im Schreiben – war es wie eine Quelle. Beide Bäume scheinen mir wie Gefangene zu sein, gefangen von Gut und Böse. Ob der Baum von den Früchten des Weinstocks, die ihn durchziehen, etwas bemerkt? Er läßt sich gefangennehmen, umarmen vom Guten und wächst mitten ins Herz des Kreuzes – eines Kreuzes, dessen blutende Wunden zu Blüten umgewandelt sind, die wie von Schalen gehalten, getragen werden – Blüten, die neue Fruchtbarkeit in sich tragen, eben Wunden, die Frucht bringen für andere ...

– Es gelang mir zuerst nicht, das Bild auf mein Leben zu übertragen. Dann setzte ich mich der *Dynamik* (diesen Begriff mußte ich für mich erst entfalten) aus, die mir in diesem Bild als *Spiegel* einer *inneren Wachstumsmöglichkeit* begegnete ... Gestern morgen habe ich mich gefragt: Ist da etwas an diesem Bild, was ich auf mein Leben übertragen könnte, spiegelt sich da etwas von meinem Leben? Und da war es auf einmal da: der Baum des Todes *in mir*, der Baum des Lebens *in mir*. Das hatte ich bisher noch nicht so gesehen. Bei der ersten Bild-

147

betrachtung standen die beiden Bäume vor mir als Symbol für Tod und Leben, zu dem ich schon eine Beziehung habe, aber eben nicht so direkt. Der Baum des Todes in mir – das ist stärker, er kann sich neigen zum Herzen Jesu mit allen Schmerzen und Tränen, mit allen Ängsten, mit all dem Schweren und Unbegreiflichen ... Wenn der Baum des Todes in mir sich neigt zur Mitte des Kreuzes, dann geschieht etwas, es geschieht Verwandlung, es ist nicht mehr so belastend, und es geschieht auch das andere: der Baum des Todes steht nicht isoliert, es ist, als hätte ich Verbindung zu den Bäumen des Todes bei anderen Menschen, es ist, als ob ich ihre Last mit hineinnehme in das Neigen zum Herzen Jesu, und auch das ist Hilfe, es gibt ja Tragkraft ...

– Der Baum des Lebens in mir neigt sich zur Mitte des Kreuzes mit aller Freude, mit jeder Meditation, die gelingt und beglückt, und dann ist die Freude noch tiefer ...

– Das Bild ließ mich nicht los, ich machte weiter, bis ich fand, was ich suchte: Weinrebe rechtsläufig für Geben: Leben ans Kreuz gegeben; Weinrebe linksläufig für Empfangen: Tod am Kreuz empfangen. Leben wächst im rechten Balken – Tod wächst im linken Balken. Wo sich Leben und Tod berühren, geht ein Balken nach oben, reicht bis in den Himmel – Auferstehung. In der oberen Ebene ist das „neue Leben". Da wir als Lebende ja nicht wissen, wie es aussieht, es also bildlich nicht darstellen können, steht da halt einfach geschrieben: Jesus Christus siegt ... Ich sage noch etwas anderes: Senkrechter Balken – Glaube. Waagrechter Balken – Hoffnung. Blüten – Liebe. Auf die Mitte kommt es an. Nach allen Richtungen geht ein Kanal weg. Aus allen Richtungen führt ein Kanal hin – ständige Wechselwirkung ...

Aus Antwortbriefen
des Begleiters

Versuche, einige Fragen allgemein zu beantworten

WIE GEHE ICH UM MIT DAUERNDEN STÖRUNGEN WÄHREND DER STILLEN ZEIT?

Ich kann nur raten, sich eine möglichst störungsfreie Zeit zu suchen, wie sie am frühen Morgen oder am späten Abend gegeben ist – oder wenn das nicht geht, zu versuchen, sich einen solchen Raum zu schaffen, wo ich das Telefon abstelle und auch nicht beim Klingeln öffne (mir persönlich gelingt das allerdings nicht, das sage ich ehrlich). Noch schlimmer sind die inneren Störungen, die oft Folge der äußeren Störungen sind. Für sie gilt die Hauptregel: Sich nicht darüber ärgern! Denn der Ärger stört mich mehr als die Störung selbst! Eine kleine Hilfe gegen störende Gedanken hat sich für mich bewährt: Ich lege mir einen Zettel bereit, wo ich aufschreibe, was mir einfällt und was ich nicht vergessen darf – und meditiere dann einfach weiter ...

WIE GEHE ICH MIT STÄNDIGEN INNEREN STÖRUNGEN UM?

Ihre Frage nach den Störungen ist eine wichtige Frage – die aber eigentlich nur Sie selbst wirklich beantworten können. Meine vorsichtige Frage wäre: Prüfen Sie einmal, ob Sie beim Meditieren wirklich Gott suchen (der Ihnen auch gerade in einer Störung begegnen kann) oder Ihr eigenes Wohlbefinden. Auch das ist wichtig – aber es kann zum

Selbstzweck werden – und dann ist es gefährlich. Liebe sucht das „Du", nicht das eigene Ich – und vielleicht schickt uns allen Gott gerade dazu immer wieder Störungen, damit wir mehr und mehr lernen, ihn allein zu suchen. Mit einem Mal gelingt das nicht, es ist eine lebenslange Übung.

ICH HABE ANGST, ES NICHT RICHTIG ZU MACHEN

Spüren Sie allein in sich hinein, ob Ihnen etwas wahrhaft guttut oder nicht – das ist der Maßstab. Und wagen Sie es einfach, dazu zu stehen! Dies ist immer wieder ein neues Wagnis, wir alle – auch ich – wollen uns so gern „absichern", aber was andere schon in jungen Jahren lernen, müssen wir – besser: dürfen wir auch noch in späterem Alter lernen: wirklich auch vor Gott eigenverantwortlich zu sein in dem, was wir tun. Das gilt gerade auch für jede Art des Betens ...

ICH KOMME NICHT ZUR INNEREN LEERE

Bitte nichts erzwingen wollen! Ganze Offenheit für Gott ist jedesmal ein neues Geschenk, das ich nicht festhalten kann. Ruhiges Atmen (auf das *Ausatmen* achten!) kann ebenso helfen wie bestimmte Vorstellungen, z. B.: Ich liege auf einer grünen Wiese am Wasser – oder: Ich sehe aus dem Fenster in die fallenden Schneeflocken – oder finden Sie etwas Ähnliches selbst ... Aber es bleiben Hilfen und Möglichkeiten, keine Patentrezepte!

ICH WILL ZUVIEL „ERREICHEN"

Es muß gar nichts geschehen, was in mein Bewußtsein tritt. Gott erwartet oft einfach von mir, still bei ihm zu sein, ohne jedesmal ein besonderes Geschenk zu erwarten. Ich bin ja um seinetwillen bei ihm, nicht um meinetwillen!

OFT HABE ICH DAS GEFÜHL,
DASS ÜBERHAUPT NICHTS PASSIERT

Sie selbst hatten schon die Antwort auf Ihre eigene Frage bereit: „Vielleicht bin ich nicht passiv genug, um nur etwas einwirken zu lassen; ich denke immer, ich muß viel selbst tun." Ich möchte als Anregung noch hinzufügen: Sagen Sie in einem solchen Fall vielleicht einfach zu Gott: „Herr, hier bin ich, diese Zeit gehört dir, ich schenke sie dir – was du damit machst, das überlasse ich ganz dir ..."

ICH SPÜRE MEINE ABLEHNENDE HALTUNG,
WENN ETWAS MICH NICHT GLEICH
ANSPRICHT

Es ist gut, wenn Sie diese innere Ablehnung so klar spüren. Gehen Sie dem einfach nach: Woher könnte diese Ablehnung kommen? Wenn Sie ehrlich fragen und geduldig auf eine Antwort warten, kann das gerade ein wichtiger Schritt der Selbsterkenntnis vor Gott werden – und damit einen neuen Bereich für Gott öffnen ...

SIND MEINE „GRENZEN" FORDERUNGEN
GOTTES, MICH ZU FÜGEN –
ODER HERAUSFORDERUNGEN,
UM DARAN ZU WACHSEN?

Deine Frage nach dem Annehmen der Grenzen oder der Herausforderung geht mir nach. Du schreibst: *„Eine Hilfe zum Finden eines Kriteriums zur Unterscheidung von berechtigten und vorschnell gezogenen Grenzen fehlt mir."* Ist das überhaupt ein Entweder-Oder? Wenn ich meine Grenzen annehme, werde ich doch erst fähig, sie auch zu übersteigen ... Aber ich muß eben wirklich bis an die Grenzen gehen und nicht schon vorher aufgeben ... Ich weiß nicht, ob das Unsinn ist, was ich da sage – aber ich mache im Augenblick gute Erfahrungen damit ...

Ich glaube, da gibt es keine Patentantwort, sondern die mußt Du selbst wie jeder andere auch für sich im konkreten Fall in der Stille vor Gott suchen und finden.

WIE KANN ICH MIT DEM UMGEHEN, WAS NICHT MIT WORTEN AUSZUDRÜCKEN IST?

Ihre Frage bewegt mich ... Ich will mich etwas herantasten, wie ich selbst mit dieser Erfahrung umgehe. Zweifellos gibt es Erfahrungen, gerade im geistlichen Leben, die sich dem Wort entziehen. Paulus hörte „unaussprechliche Worte". Die Mystiker wiederholen es immer neu: Wer es nicht erfahren hat, wird es nicht verstehen, denn die Worte können nur hinweisen auf etwas Tieferes ...

Meine erste Frage an Sie wäre, ob Sie nicht vielleicht zu großen Wert auf das Wort legen? Denn es gibt ja auch andere Möglichkeiten, Erfahrungen auszusagen: etwa durch Malen oder durch Musik, durch Körperbewegung („Tanz", den niemand zu sehen braucht) und ähnliches. Für mich sind es manchmal Bilder, besonders archetypische Bilder, die mir eine große Hilfe sind, daß mir etwas klar wird in meinem Inneren, was durch Worte nicht angesprochen wird.

Aber auf der anderen Seite ist es sicher auch gut, immer wieder um das Wort zu ringen, auch wenn es schwierig ist. Denn das Wort hilft uns zur Klarheit gegenüber dem oft so undurchsichtigen inneren Dschungel. Wir sagen bei Jugendlichen oft: Versucht es einfach – hier gelten keine Grammatikregeln – solche Dinge klingen immer unbeholfen, wenn sie ausgesprochen werden. Und am besten gelingt das dann, wenn die jungen Menschen noch fast in der Meditation „drin" sind. Ich schreibe mir auch meine Notizen nach den Meditationen unmittelbar nach – eigentlich noch während – der Gebetszeit auf. Später gelingt es nicht mehr in dieser Weise.

Natürlich muß jeder seinen eigenen Weg suchen und finden – und warten, ob und bis er sich öffnet – und dabei sehr geduldig sein mit sich selbst ...

WIE KANN MAN DEPRESSIVE PHASEN ÜBERWINDEN LERNEN?

Das ist eine schwere, nicht mit einer Patentlösung zu beantwortende Frage! Wir hatten an diesem Wochenende einen Weiterbildungskurs, wo eine Teilnehmerin mitten in einer schwer depressiven Phase entdeckte: *„Die Freude ist ja da – ich muß sie nur suchen!"* Vor längerer Zeit fiel mir in einem Buch von Wunibald Müller ein Wort ins Herz, das dazu paßt. Er nimmt den Vers aus dem Paul-Gerhard-Lied *„Geh aus, mein Herz, und suche Freud ..."* ganz buchstäblich: Ich muß mein Herz auf die Suche nach der Freude ausschicken! Und das in einer großen Hoffnung, daß sich die Freude wieder zeigen wird – wenn es mir auch im Augenblick unmöglich erscheint (Hoffnung, die man sähe, wäre keine echte Hoffnung!) ...

KANN ICH DEPRESSIVEN MENSCHEN DURCH MEDITATION HELFEN?

Wir haben in unseren Einzelexerzitien schon öfter mit depressiven Menschen gearbeitet, aber nur dann, wenn sie sich ganz freiwillig dazu gemeldet hatten, wenn die Teilnahme ganz von ihnen selbst ausging. Und auch nur dann, wenn sich ihre Krankheit nicht in einem akuten Stadium befand. Eine Garantie, daß ihnen zu helfen wäre, gibt es nicht. Allerdings kann ich Ihre Sorge gut nachvollziehen, daß da im extrem pietistischen Umfeld manches verdorben worden ist. Ich bekomme immer wieder einmal solche „pietismusgeschädigte" Menschen, wie ich sie nenne, unter die Hände. Die Wunden sitzen so tief, daß zwar oft kurzfristige, aber bisher kaum andauernde Hilfe möglich gewesen ist.

Vielleicht sollte man (N. N.) einfach einmal dieses oder jenes Buch anbieten – wenn es ihr zusagt, dann können wir weitersehen. Sie müßte erst einmal ganz von der positiven Seite her versuchen, diese Welt als Schöpfung, als gute Schöpfung Gottes zu sehen – und sich selbst als einen Teil davon.

WIE KANN ICH MEIN KIND AN STILLE GEWÖHNEN?

Ihre Frage ist nicht leicht zu beantworten. Beobachten Sie Ihren Sohn am besten, wo er selbst „meditiert"; er ist augenblicklich in einem sehr aktiven Alter, das ändert sich, wenn er mehr in die Pubertät hineinkommt. Vielleicht kann er dann einmal selbst an einem Meditationskurs teilnehmen. Da ist es leichter für die Jugendlichen, Stille zu entdecken, als wenn sie es zu Hause versuchen. Aber auch zu solch einem Kurs sollte er nur fahren, wenn er wirklich selbst Lust dazu hat, sonst bringt es nichts. Die Hauptsache ist wohl, daß Sie einfach für sich selbst diese Stille leben und das regelmäßig tun – und daß Sie wach sind, was für Möglichkeiten sich im alltäglichen Leben für Ihren Jungen anbieten, wie z. B. Naturerlebnisse, Konzerte oder was es auch immer sein mag, wozu er selbst Zugang hat – bei jedem ist das anders!

WAS MEINT „IMMANENTES LEBEN"?

Sie fragen nach dem Wort „immanent" (Übung 4/3). Ich meinte damit einfach den Raum innerhalb des inneren Kreises, den Raum, den ich mit meinen menschlichen Sinnen erfassen und begreifen kann. Statt „immanentes Leben" können Sie ebenso „irdisches Leben" einsetzen – ich meine das Leben, wie wir es hier und jetzt mit unseren Sinnen erleben können.

WESHALB GIBT ES SO HÄUFIG DIE ERFAHRUNG, VON GOTT VERLASSEN ZU SEIN?

Meine Erfahrungen zu der Frage möchte ich nur kurz schreiben: Ich glaube nicht, daß Gott einen Menschen wahrhaft verläßt, aber ich weiß aus eigener Erfahrung, daß es – menschlich gesehen – das Erleben des Von-Gott-Verlassenseins gibt, oft über eine lange Zeit hinweg, bis sich dann eines Tages der Weg zeigt, den man auch in dieser Periode geführt worden ist. Solche tiefsten Krisenzeiten im geistlichen Leben sind fast unerträglich, aber es sind Wachstumsschritte, die wahrscheinlich immer wieder einmal sein müssen, wenigstens bei Menschen, die es mit der Nachfolge ernst meinen. *„Wer mir nachfolgen will"* – dazu gehört manchmal auch das „Mitgekreuzigtwerden" ...

WIESO NIMMT JESUS SEINEN LEIDENSWEG AUS LIEBE ZUM VATER AUF SICH – NICHT AUS LIEBE ZU UNS MENSCHEN?

Die Frage, ob Jesus den Leidensweg auch aus Liebe zum Vater auf sich nimmt, war auch mir völlig neu, als sie mir das erstemal begegnete. Ich kann mich noch genau daran erinnern. Aber dann löste sich alles ganz einfach: Alles, was Jesus tut, tut er aus Liebe – und diese Liebe ist nicht teilbar zwischen der Liebe zu Gott und der Liebe zu den Menschen. Ich verstehe das „Ja, Vater" in Getsemani so, daß Jesus hier seinen Weg aus Liebe zum Vater geht, was die Liebe zu uns nicht aus-, sondern einschließt.

Übrigens hat es auch Paul Gerhard so gesehen in seinem Vers: „Ja, Vater, ja, aus Herzensgrund, leg auf, ich will *dir's* tragen ..."

WESHALB HABEN SIE DAS WORT „AUFERSTEHUNG" NICHT GEBRAUCHT?

Ich habe dieses Wort zu Beginn des Kurses siebenmal verwendet, und ich meinte, es sei dadurch genügend deutlich geworden, wie das, was ich unter „Verwandlung" anspreche, seinen Grund und seine Möglichkeit allein in der Auferstehung Jesu Christi hat. Meine Verwandlung ist so etwas wie die konkrete Form der Auferstehung, wie ich sie schon hier und jetzt angeldhaft in meinem christlichen Dasein erfahren und glauben darf.

WESHALB REAGIERT JESUS SO SCHARF AUF PETRUS, DEN „VERSUCHER"?

Schauen Sie doch einfach in Ruhe diese Situation an und fragen Sie Jesus danach – und warten Sie geduldig auf eine Antwort. Ich bin fast sicher, Sie bekommen die Antwort, die für Sie richtig ist. Das ist besser, als wenn ich Ihnen jetzt meine Meinung dazu schreibe ...

WESHALB KANN ICH MICH SO SCHLECHT WIRKLICH LOSLASSEN?

Das ist eine Frage, die mir immer wieder begegnet – und der ich selbst auch immer neu ausgesetzt bin. Ich möchte Sie teilnehmen lassen, welchen Weg ich vor kurzem in einer fast schlaflosen Nacht gegangen bin:

1. Schritt: Ich machte mir klar, daß *ich* mich an dem Problem festhalte, was ich meine, nicht loslassen zu können. Damit war der Weg frei: Ich wiederholte lange im Atemrhythmus: *Ich lasse – mich los"* ... Dabei war es, als ob ich meine Hände, mit denen ich mich festhalte, loslasse, um „sinken" zu können – in Gott hinein ...

2. Schritt: *„Du machst mich los"* – oder *„Du löst – mich ab".* Das wußte schon Meister Eckehart: Das letzte, wahre

156

Loslassen gelingt uns nie allein, deshalb greift Gott immer wieder ein und löst uns von dem los, woran wir unser Herz allzufest gehängt haben, damit er für uns „sei alles in allem" und wirklich die erste Stelle einnehme. Je nachdem, wie hart ich dieses Gelöstwerden empfinde, kann ich die erste oder zweite Version wählen ...

3. Schritt: „Ich lasse ... mich dir". Dabei lasse ich mich mit jedem Atemzug in das Geheimnis Gottes hinein sinken, das mich durchdringt und umgibt – in das Geheimnis dieses Gottes, bei dem ich zu Hause bin, der mich liebt, gerade jetzt ...

WIE KANN ICH ANGST VOR DEM STERBEN ABBAUEN?

Als „Methode" für andere gibt es wohl keine Antwort auf diese Frage. Ich glaube, so eine Aufgabe ist jeweils nur bei mir selbst und für mich selbst möglich. Denn solche Existenzfragen erreichen den anderen – wenn sie ihn überhaupt erreichen – nur durch mein Sein, nicht durch mein Wort.

Wie aber finde ich für mich selbst einen Weg? Vielleicht gelingt es hin und wieder, im eigenen Leben dem nachzuspüren, wo sich „kleine Sterbeerfahrungen" – Augenblicke im Leben, wo ich meinte, alles sei zu Ende – im nachhinein als Tor zu etwas Neuem geöffnet haben. Das ist immer ein Geschenk – eine Ahnung des Ostersieges –, aber oft übersehe ich solche Erfahrungen auch, wenn ich nicht genau darauf achte. Und über diese Wachsamkeit kann sich meine Einstellung zu Tod und Sterben ändern. Das aber bedeutet noch lange nicht, daß ich dann im Ernstfall auf diese Erfahrungen zurückgreifen kann. Wenn der Tod wirklich anklopft, sieht alles total anders aus, als es mir vorher erschien ...

WIE GEHE ICH MIT MEINEN TRÄUMEN UM?

Sie erbitten Hilfe von mir für Ihre Traum-Bilder – aber was kann ich helfend dazu sagen? Nur Sie selbst haben den Schlüssel in sich, solch ein Bild deuten zu können – andere könnten lediglich fragen: Könnte es etwa in dieser oder jener Richtung liegen?

Eine Methode der Traumdeutung hat mir selbst allerdings schon manchmal geholfen: Ich setzte mich auf einen Stuhl als Befrager des Traum-Bildes: „N. N. (= Bildsymbol nennen), was willst du mir eigentlich sagen?" Und dann wechselte ich den Stuhl und ließ dieses Symbol spontan antworten. Weil ich der Träumer bin, deshalb ist ja auch das geträumte Bild ein Teil von mir und kann deshalb überraschende Antworten geben – manchmal. Versuchen Sie es doch einfach einmal so, ja?

GOTT IN MIR! – DAS IST SCHWER VORSTELLBAR FÜR MICH

Die Antwort auf Ihre Frage haben Sie selbst bereits gegeben, wenn Sie schreiben: „... eventuell ist es für mich vorstellbar durch Heiligen Geist ..."

HAT MEDITATION EINEN EIGENWERT? – KANN STILLE AUCH SELBSTZWECK SEIN?

Sie fragen: *„Ich habe eine Freude daran, still zu sein. Mir sind dann oft Texte, die zu bedenken sind, zu viel. Meditation hat dann einen Eigenwert. Ist das o. k.!"* – Und ein anderer von Ihnen fragt, ob es gut ist, daß er sich oft einfach in der Stille wohlfühlt, ohne noch Worte oder Bilder zu brauchen ...

Natürlich kann Stille „Selbstzweck" sein – sie kann sogar zum letzten und tiefsten Ziel aller Meditation werden.

Wenn es Sie in die Stille zieht, dann genießen Sie das und wehren Sie diesem Bedürfnis nicht, darüber sind sich nicht nur die östlichen Meditationsmeister, sondern auch die spirituellen Lehrer des Christentums einig. Johannes vom Kreuz sagt, wenn jemand, der nicht mehr inhaltlich betrachten, sondern einfach still bei Gott sein möchte, sich dennoch zu einer inhaltlichen Meditation zwingen wollte, so wäre das so, wie wenn ein Jäger, nachdem er das Wild schon gefangen hat, es wieder laufen ließe, um es neu zu jagen ... Denn die Stille kann Gott selbst tief in sich tragen ...

Allerdings werden gewiß auch wieder andere Zeiten kommen, wo jeder auch die Hilfe von Texten dankbar als Hilfe annehmen wird ...

WARUM KANN ICH GOTT IN MIR NICHT FESTHALTEN?

Sie schreiben: *„Den Gedanken von dem ‚Gott in mir' finde ich sehr schön. Mir wird ganz warm ums Herz. Aber: Ich möchte dieses ‚Etwas' in mir fassen und merke dabei, wie es mir nicht gelingt, sondern entschlüpft."* Mit Ihrem Bedauern, das Wissen um „Gott in mir" so oft nicht festhalten zu können, finden Sie – im 20. Jahrhundert – fast die gleichen Worte, die Meister Eckehart[39] im 14. Jahrhundert für diese Erfahrung fand:

*„Nun könntest du sagen: Wie kann das sein? Ich verspüre doch nichts von ihm – Gib nun acht! Das Verspüren ist nicht in **deiner** Gewalt, sondern in der **seinen.** Wenn es ihm paßt, so **zeigt** er sich; und er kann sich (doch auch) **verbergen,** wenn er will"* (436).

„Wo ist dieser Gott? – Recht, wie sich ein Mensch verbirgt, sich aber dann räuspert und sich damit selbst verrät, so auch hat Gott getan. Niemand hätte je Gott finden können; nun aber hat er sich (selbst) verraten. Ein Heiliger spricht: Ich empfinde mitunter solche Süßigkeit in mir, daß ich mich selbst und alle Kreaturen vergesse und völlig in

dich zerfließen will. Wenn ich's aber ganz umfangen will,
Herr, so nimmst du mir's. Herr, was meinst du damit! Rei-
zest du mich, warum nimmst du mir's dann! Liebst du
mich, warum fliehst du mich dann! Ach, Herr, das tust
du zu dem Ende, daß ich viel von dir empfangen könne!"
(351)

    "Dieses Nichtwissen reißt sie (die Seele) hin zu etwas
Wundersamen und läßt sie diesem nachjagen, denn sie
empfindet wohl, daß es ist, weiß aber nicht, wie und was es
ist. Wenn (hingegen) der Mensch der Dinge Bewandtnis
weiß, dann ist er alsbald der Dinge müde und sucht wieder
etwas anderes zu erfahren und lebt dabei doch immerfort in
bekümmertem Verlangen, diese Dinge zu erkennen, und
kennt doch kein Dabei-Verweilen. Daher: (Nur) das nicht-
erkennende Erkennen hält die Seele bei diesem Verweilen
und treibt sie doch zum Nachjagen an" (421).

Besondere Hinweise für einzelne Teilnehmer/innen

Liebe Frau ...!

Ganz herzlich danke ich Ihnen für Ihr ausführliches Schreiben. Sie werden verstehen, daß ich nicht auf alles eingehen kann ... Beim Lesen fiel mir auf, daß Sie Schwierigkeiten haben, mit dem Ausatmen nach innen zu gehen. Meiner Ansicht nach liegt das daran, daß Sie auf die Luft achten, anstatt sich ganz auf Ihren Brustraum zu konzentrieren, der sich zusammenzieht und der dadurch das Gefühl vermitteln kann, in die Mitte und Tiefe zu kommen. Aber wenn es Ihnen so nicht gelingt – dann gehen Sie bitte *Ihren* Weg!

    ... Was verstehen Sie unter „Mystikerin" – die Sie „wohl nie werden"? Mystik ist der Weg der Liebe zwischen Gott und Mensch – kein Sonderweg, sondern der innere Bereich des nach außen gelebten Christentums ... Ich nehme sowieso an, daß Sie Ihren Weg so stark von innen her gehen, daß das Entscheidende für Sie *Ihr* Schreiben, *Ihr* klares

Reflektieren ist – und nicht unbedingt mein Antworten darauf ... Und immer freue ich mich, wenn Sie manches schon vorausgenommen haben, was ich selbst erst in den nächsten Wochen bringen will ...

... Wieder haben Sie mir solch ausführlichen Bericht geschickt – der mir auch deshalb so wertvoll ist, weil ich darin miterleben darf, wie ein anderer Mensch die von mir angebotenen und geübten Meditationen empfindet und nachvollzieht ...

Was mir in Ihrem letzten Brief zu denken gibt, ist der Satz: „Ich bin müde." Er könnte ein Zeichen dafür sein, daß Sie sich zu sehr anstrengen. Ich kenne das so gut aus eigener Erfahrung!

Vielleicht liegt bei Ihnen im geistlichen Leben das Gewicht noch ein Stück zu viel auf dem eigenen Tun – anstatt zu warten, was Gott mit Ihnen macht. Sicher hängt das auch mit dem Lassen zusammen, um das Sie so sehr ringen – vielleicht zu sehr? Es klingt absurd – aber ich schreibe einfach ungeschützt, wie es mir als Frage kommt: Sollte ich nicht sogar das Erreichenwollen des Lassens loslassen – und einfach annehmen, was Gott mir nimmt, damit ich dieses wirklich loslasse? ...

Darf ich Ihnen ein Wort mitgeben, das mir wieder in den letzten Tagen groß geworden ist? „*Freu dich innig am Herrn, dann wird er dir geben, was dein Herz wünscht.*" Selbstlose Freude daran, daß Gott unser Gott einfach *ist* ...

Aus dem, was Sie als Bedrohung Ihrer Werte erleben, meine ich wieder ein Stück Perfektionismus herauszuspüren. Unser Leben ist Stückwerk – so sind wir gewollt und geschaffen –, und mir wurde gerade gestern abend deutlich, daß Gott uns – in dieser Begrenzung als Geschöpfe – in unserer Würde achtet! Mir wurde auch in den letzten Tagen deutlich, daß unsere Sehnsucht, die sich auf Gott richtet, wie ich ihn mir irgendwie vorstelle – daß meine Vorstellung diese Sehnsucht „durchbrechen" muß, damit es eine Sehnsucht wird nach dir, Gott, wie du wirklich bist, weit über mein Begreifen erhaben.

... Sie haben schon Ihr Resümee gezogen – bleiben Sie bei der Vorstellung des Wohnens Jesu bei Ihnen, in Ihnen – es ist biblisch begründet und unauslotbar ...

So grüße ich Sie von Herzen und wünsche Ihnen eine gesegnete Osterzeit!

Liebe Frau ...!

Sie schreiben, daß es bei Ihnen eine Stockung gegeben hat. Wenn es an meinem Angebot gelegen hat, daß es bei Ihnen nicht weiterging, wäre ich Ihnen sehr dankbar, wenn Sie mir das mit Gründen kurz signalisieren könnten. Es geht nicht um einen Vorwurf irgendeiner Art, sondern daß es vielleicht Dinge gibt, die ich bei einem weiteren Angebot beachten müßte. Mir ist ja wenig geholfen, wenn ich nur die positiven Rückmeldungen bekomme.

Aber vielleicht lag es nur in Ihrer persönlichen Situation begründet, dann verzeihen Sie bitte meine Nachfrage. Ich könnte es so gut verstehen – ohne daß Sie dabei Komplexe zu bekommen brauchen –, wenn Sie in diesen gedrängten Tagen keine Zeit zur Stille gefunden hätten. Mir geht das auch oft so – wichtig ist dann nur, sich nicht deprimieren zu lassen, sondern einfach neu zu beginnen – immer wieder, und wenn es siebzigmal siebenmal wäre! Aber das meint jetzt nicht vor allem das Mitgehen in unserem Kurs, sondern Ihr eigenes Suchen nach täglicher Stille und Begegnung mit Gott ...

Mit herzlichen österlichen Grüßen!

Liebe Frau ...!

Einen persönlichen Gruß möchte ich Ihnen ... gern noch schreiben. Hinter Ihren sparsamen Berichten spürte ich immer wieder, daß Sie sehr dabei waren – und daß diese Wochen für Sie nicht umsonst waren.

Mit Ihrer Bemerkung, daß Gott uns in unseren Grenzen liebt und sieht, haben Sie mich auf etwas Wesentliches aufmerksam gemacht, was ich zwar weiß, was aber vielleicht im Kursangebot noch zu wenig deutlich geworden ist.

So grüße ich Sie in herzlicher Verbundenheit und wünsche Ihnen eine frohe, gesegnete österliche Zeit!

Liebe ...!
Herzlichen Dank für Deine Rückmeldungen und Dein engagiertes Mittun. Ich könnte Dich eigentlich gut zum Mit-Begleiten gebrauchen!

... Daß Deine Spannungen „viel Kraft verbrauchen", kann ich Dir sofort nachfühlen – aber ich merke bei mir immer mehr, daß dieser Kraftverbrauch in mir selbst liegt, nicht in den Objektivitäten. Wenn ich es z. B. fertigbrächte, mit großer innerer Stille und ohne *unnütze* Anstrengung diesen Briefkurs zu begleiten, dann würde es mich nicht so viele Kräfte kosten. Aber gerade dieses Loslassen ist nicht leicht, es muß immer neu erinnert und geübt werden.

Sei lieb und herzlich gegrüßt!

Liebe Frau ...!
Herzlichen Dank für Ihre Rückmeldungen. Ich freue mich, wie intensiv Sie eingestiegen sind – und hoffe, daß Sie den Mut nicht fallenlassen, auch wenn es hin und wieder einmal etwas schwieriger wird. Halten Sie sich an die positiven Erfahrungen, die Ihnen geschenkt werden – und wenn einmal etwas nicht so zu gelingen scheint, dann nehmen Sie es einfach so an, wie es ist. Gerade weil Sie noch wenig Erfahrungen haben mit Meditation, schreibe ich Ihnen das bewußt.

... Ihr Brief hat mich tief bewegt – und ich bin lange still darüber gewesen. Ich hatte dazu Zeit während einer langen Zugfahrt. Solch eine harte Krise ist immer ein Stück Sterben – irgend etwas stirbt da in uns, ein Wunsch, eine Vorstellung, eine Hoffnung oder was auch immer ... Und weil es ein Stück Sterben ist, sollte man wohl keine der „Sterbephasen" einfach überspringen wollen:
– das Nicht-wahrhaben-Wollen
– das Aufbegehren

- das „Verhandeln" („wenn doch wenigstens ...")
- der echte, tiefe Schmerz (bis hin zur Depression)
- das Sich-einverstanden-Erklären; dies steht erst am Schluß!

Für Sie wird es keinen anderen Weg geben, als das Umfeld anzunehmen, in dem sich Ihr weiterer Weg mit allen Schwierigkeiten abspielt. Solche Zeiten sind besondere Herausforderungen Gottes an uns – im wahren Sinn des Wortes: Er will unsere Möglichkeiten hervorlocken, wie das oft in harten Zeiten geschieht.

Ob Sie den Weg des Briefkurses jetzt weitergehen können oder nicht, das weiß ich nicht. Beide Wege sind Möglichkeiten.

In herzlicher Verbundenheit!

Liebe Frau ...!

Danke für Ihre erste Rückmeldung ... Ich möchte Ihnen Mut machen, Ihre Ängste anzuschauen und vor allem ins Licht Gottes zu halten. Mehr ist gar nicht nötig!

... Wer stellt Sie denn unter solchen Leistungsdruck: Ist es Gott – sind es Menschen – oder sind es Sie selbst mit einem (mir selbst nur zu vertrauten!) Vollkommenheitsstreben? ... Ich las einmal das Wort vom „heidnischen Vollkommenheitsstreben" – das ist mir tief unter die Haut gegangen.

... Zu denken gibt mir Ihre kurze Bemerkung: „Ich weiß nicht, wo meine Mitte ist." Stellen Sie sich immer neu dieser Frage im Raum der Liebe Gottes: „Worum kreist eigentlich mein Leben?" ... Und erwarten Sie keine schnelle Antwort und Lösung.

... Als Hilfe, „nein" sagen zu können, wenn die Erwartungen der Umwelt zu groß werden, kam mir jetzt eine mir hilfreiche Übung: Ich wiederholte im Atemrhythmus *„Ich darf sein, wie ich bin"* ... und stellte mir nacheinander einige Menschen vor, die mich anders (also auch ohne meine Grenzen) haben wollten – das ging schon los mit meinen Eltern in meiner Kindheit – usw. Und dann stand ich vor

Gott, und der Text wandelte sich in: *„Ich soll sein, wie du mich gewollt hast ..."*

... *Christus in mir – ich in ihm.* Ich glaube, das sind wirklich zwei Spannungspole, die nicht zu trennen sind (vgl. die horizontalen Kreuzesbalken). Ich glaube, Sie müssen lernen, mit vielen offenen Fragen zu leben und diese immer wieder klar vor Gottes Angesicht zu stellen: Irgendwann erleben Sie dann, daß da eine Antwort ist, ohne genau zu wissen, woher und wodurch ...

... Weshalb wollen Sie eigentlich so klar unterscheiden, was Gottes Lebenskraft in Ihnen ist und was Ihre eigene – was Gottes Liebe ist und was „Selbstfindung"? Meister Eckehart sagt: Wenn mir nur Wasser kommt, ist es mir gleich, ob es aus einer hölzernen oder ehernen Röhre fließt ... Leben Sie einfach, ohne immer alles hinterfragen und klären zu müssen ...

Ganz herzliche Grüße!

Lieber Herr ...!

Herzlichen Dank für Ihre guten und auch kritischen Fragen und Bemerkungen. Ich habe sie sehr aufmerksam gelesen – im Zug, als ich viel Zeit hatte.

Sie fragen, ob das Beginnen bei der Kreuzstruktur den Zugang nicht mehr verbaut als ihn zu öffnen. Der weitere Verlauf des Kurses wird diese Frage vielleicht beantworten.

Ob Selbstbesinnung den Weg zu Gott öffnet oder verbaut, ist auch eine theologische Grundsatzfrage. Für mich ist das Wort Augustins sehr bedeutsam geworden: *„Erkenne dich selbst, dann wirst du auch Gott erkennen."* Und die frühe Christenheit, der ich mich sehr nahe verbunden fühle, ging immer diesen Weg. Heute hat ihn Paul Tillich wieder aufgegriffen, und ihm verdanke ich viel gedankliche Klarheit. Ich weiß aber, daß es auch ganz andere Ansätze gibt – das macht ja den Reichtum unseres Lebens aus und hat auch etwas mit der positiven Polarität zu tun.

Ob Sie weiter mittun mögen? Spüren Sie sehr in sich hinein, wohin Ihr Weg Sie führt – wenn Sie in die Stille gehen. Was ich schreibe, können nur Anregungen sein – und auch ein Widerspruch kann den Weg zu dem öffnen, was für Sie das Richtige ist, wenn Sie sich ehrlich danach fragen: Was würde *für mich* an dieser Stelle das Richtige sein?

So grüße ich Sie herzlich!

Liebe Frau ...!

Ihr Brief hat mich tief bewegt – möge Ihnen dieser Neuaufbruch erhalten bleiben! Aber erschrecken Sie auch nicht, wenn es wieder eine dürre Wegstrecke gibt. Das ist der Preis für die Fülle und die Höhe, die Sie erlebt haben – und gerade diese Polarität befruchtet unser Leben!

Vielleicht wäre es gut, wenn Sie sich manchmal selbst ein wenig bremsen würden – sowohl beim positiven als auch beim negativen Erleben. Ich weiß, wovon ich spreche – es ist nicht leicht, aber in Ihrem Falle sicher auch nötig.

In herzlicher Verbundenheit!

Liebe Frau ...!

Über Ihre Rückmeldungen habe ich mich wieder gefreut – Sie gehen so positiv und selbständig mit den Angeboten um – und scheinen mir dabei auch immer das Wesentliche zu erkennen und zu unterscheiden ...

Liebe Frau ...!

Vielen Dank für Ihre Briefe und alle Rückmeldungen.

Wenn Sie so eindeutig besser auf das Wort als auf das Bild reagieren, dann nehmen Sie doch diese Tatsache einfach an – und richten Sie sich danach. Wort und Bild sind verschiedene Wege, um zu Christus zu kommen – jeder muß herausfinden, welcher Weg ihn am besten weiterführt. Allerdings kann sich das unter Umständen auch in verschiedenen Perioden des Lebens ändern. Man sollte auch sich selbst nie eindeutig auf einen Weg festlegen, sondern immer wieder neu erspüren, ob er noch hilfreich ist oder ob vielleicht nun etwas anderes von Gott her „dran" ist ...

... Ihr letzter Brief hat mich tief bewegt. Vergessen Sie

bitte nicht, Gott von Herzen zu danken für solch ein Geschenk. Und bleiben Sie sich bewußt, daß es ein reines Geschenk ist, solches erleben zu dürfen – und es ist nicht wiederholbar. Gerade mit dem Wollen, so etwas wieder zu erleben, würden Sie sich viele Möglichkeiten verbauen. Danken Sie einfach – und warten Sie vertrauend, was Gott als neue Überraschung für Sie bereit hat, wenn Sie ihm treu täglich eine bestimmte Zeit schenken. Meist folgt nach solch intensivem Erleben eine Zeit besonderer Dürre und Trockenheit, es muß aber nicht so sein. Nehmen Sie einfach an, was Ihnen gegeben wird ...

Seien Sie in herzlicher Verbundenheit gegrüßt!

Liebe Frau ...!

Haben Sie vielen Dank für Ihre beiden ausführlichen Briefe. Sie sehen – auch ich bin noch nicht dazugekommen, auf den ersten einzugehen. Und dabei hat es mich so beglückt, daß Sie auch den Computer als Symbol erleben, wie ich es in der ersten Zeit meiner Computer-Versuche in vieler Weise erlebte. Es ergaben sich so viele wesentliche Vergleichspunkte zum geistlichen Leben, wie z. B. Löschen-Können = Vergebung neu erkennen ... und vieles andere. Bisher habe ich noch kaum jemanden gefunden, der dafür Verständnis zeigte. Für die meisten Menschen scheint eine Kluft zu sein zwischen der Arbeit, vor allem der technisch orientierten, und dem spirituellen Leben.

Nun zu Ihrem Brief, der heute hier ankam. Selbstverständlich bin ich voll einverstanden, wenn Sie sich mehr Zeit lassen – Sie müssen dann nur versuchen, von Ostern her bewußt hinter den Übungen, die sich auf die Karwoche beziehen, auch schon das Osterlicht zu erspüren. Und was Sie vom „Durchbruch zum Himmel" schreiben (Übung 2/3), das ist doch so kostbar – vielleicht gerade, weil Sie so überbelastet sind. Es gibt da eine benediktinische Erfahrung mit dem „Ora et labora", die sagt, daß man gerade dann, wenn man zu müde ist, um im Gebet klare Gedanken fassen zu können, im Gebet eine andere, tiefere Ebene erreichen kann.

Und was die „Wüstenstrecken" betrifft, die sind bei Ihnen nicht häufiger als bei anderen. Also lassen Sie sich getrost von innen her leiten, auch was den Umgang mit der Überlastung betrifft – und trauen Sie dem, was Sie dann als Bestes zu erkennen meinen.

… Mit der Ausführlichkeit der Einleitungen muß ich auf ungeübte Teilnehmer eingehen. Bitte nehmen Sie sich die Freiheit, wegzulassen, was für Sie nicht wichtig ist, so gut das möglich ist. Ich kann es nicht ändern – bei manchen spüre ich, daß ich noch ausführlicher hätte einführen müssen …

Mit lieben Grüßen!

Liebe …!

Vielen Dank für Ihre klare Offenheit und für Ihre gute eigene Begrenzung!

Darf ich Sie ganz vorsichtig fragen: Könnte es etwa möglich sein, daß bei Ihnen ein Zusammenhang besteht zwischen den Schwierigkeiten mit der Grundübung und dem erlebten Defizit der Familie als Zu-Hause? Wäre es möglich, daß Sie Ihre Sehnsucht nach Geborgenheit nicht ganz zulassen können, weil sie für Sie viel zu schmerzhaft wäre? Ich könnte das von anderen Erfahrungen her so gut verstehen – aber vielleicht möchte Gott gerade mitten in diese unerfüllte Sehnsucht hinein, in diesen Winkel Ihres Herzens hinein ein Stücklein Frieden schenken, wenn Sie es wagen, den Schmerz zuzulassen – vor ihm? …

Bitte verstehen Sie das nur als leise Frage – vielleicht täusche ich mich vollkommen, ich kenne Sie ja doch nur sehr wenig, und letztlich kennt ja niemand den anderen wirklich – außer Gott selbst. Durfte ich das so offen ansprechen? Ich traue Ihnen zu, daß Sie es in der rechten Weise verarbeiten – oder sich auch davon distanzieren können …

So grüße ich Sie in herzlicher Verbundenheit!

Liebe Frau ...!
Herzlichen Dank für Ihren lieben Gruß – wenn er auch
für Sie nichts Gutes beinhaltet. Es ist gut, daß Sie so klar
sehen, daß in dieser Situation Meditieren für Sie nicht dran
ist. Wenn es Gottes Wille ist, wird die nächste Zeit, wenn es
dann wieder gut geht, besonders wichtig sein. „*Gott nimmt
uns nichts, ohne uns etwas Besseres dafür geben zu wollen*",
kann Meister Eckehart ganz schlicht sagen. Mögen Ihnen die
Schmerzen nicht allzuviel zu schaffen machen – und vielleicht ist gerade die erzwungene Ruhe das, was Sie jetzt am
unmittelbarsten zu Gott hinführen soll – auch wenn Sie
nichts davon spüren!
Ich wünsche Ihnen von Herzen baldige Genesung!

Lieber Herr ...!
Ich kann mir denken, daß bei Ihnen manches anders
liegt als bei anderen Menschen, die ihr ganzes geistig-schöp-
ferisches Potential in die Meditation einfließen lassen können, weil sie in ihrer Arbeit nicht so stark geistig gefordert
sind. Ich merke das selbst, wieviel stärker die „Quelle" in
mir fließt, wenn ich nur Haus- oder Gartenarbeit tue, als
wenn ich geistig arbeite.
Ich freue mich, daß Sie trotzdem nach der Trockenzeit
wieder neu hineingekommen sind. Warten Sie auf die Stille
– und geben Sie ihr Raum, wenn sie sich meldet. In der Stille
begegnet Ihnen Gott auf neue Weise.
Mit herzlichen Ostergrüßen!

Liebe Frau ...!
... Was Sie schreiben, erscheint mir nicht unwichtig.
Ich komme aus meinem früheren eigenen radikalen „Entweder-Oder"-Denken immer mehr dahin, die Relativität nach
beiden Seiten hin zu entdecken. Es gibt wohl nichts, was
einfach absolut gut oder absolut schlecht wäre in diesem
unserem Äon – so nahe sich auch manche Geschehnisse auf
diese Grenzen hinbewegen. Der Titel eines Vortrages, der
mich sehr bewegte, hieß einmal: „*Wo unsere Schwächen*

169

sind, da sind auch unsere Stärken". Alles Positive in unserer Welt hat auch eine negative Kehrseite und ebenso umgekehrt.

... Ihr Wunsch, daß Sie das Kreuz innen lieber zum Ring hin offen gesehen hätten, gefällt mir gut. Löschen Sie doch die Trennlinien einfach für sich ...

Herzliche Grüße und Gottes Segen!

Liebe Frau ...!

Es bewegt mich, wie sehr Sie sich hineingeben in diesen Übungsweg – und wie offen und kritisch Sie das tun. Ich danke Ihnen herzlich dafür, es ist auch mir hilfreich. Ihnen möchte ich Mut machen, Ihren Weg so weiterzugehen: Spüren Sie, was Sie anspricht und was Ihnen hilfreich ist – und bleiben Sie dabei ...

... Mir fällt auf, wie sehr Sie zum ganz Einfachen hinstreben – eine kostbare Sache! Denn immer ist das ganz Große auch das ganz Einfache. Wenn Ihnen etwas zu kompliziert ist, lassen Sie es entweder einfach beiseite oder führen Sie es auf irgendeine einfache Grundform zurück, die Ihnen zusagt. Und wiederholen und vertiefen Sie, was Ihnen wichtig geworden ist – nicht so sehr vom Gedanken her, sondern einfach im liebenden Anschauen ...

... Ganz kostbar ist für mich Ihr Satz: „Ich erlebte Änderung im Raum des Angenommenseins" ...

In Verbundenheit!

Liebe Frau ...!

Herzlichen Dank für Ihren offenen Brief mit so vielerlei guten Erfahrungen. Daß Sie erleben konnten, daß „das Kranke in Ihnen durch das Gesunde zurechtgerückt wurde", hat mich sehr bewegt. Bleiben Sie daran!

... Mit tiefer Anteilnahme habe ich wieder Ihren Brief gelesen: Ich erbitte für Sie die Gnade, dieser Klarheit standzuhalten, ohne zurückzuschrecken, sondern gerade dadurch tiefer in die unermeßliche Liebe Gottes hineinzufallen ... Für mich gehörte es einmal zu den wesentlichsten Erkenntnissen, als mir deutlich wurde, daß ja Erkenntnis konkreter Schuld bereits Vergebung *ist* – es ist ein Teil der erlösenden Liebe Gottes, wenn er uns zumutet, uns ehrlich zu sehen und gerade dadurch im Vertrauen und in der Liebe zu wachsen ... Mehr möchte ich dazu gar nicht sagen – ein anderer hat Ihnen genug zu sagen – und von IHM her ist *alles* heilend und positiv gemeint.

Es ist so gut zwischen den Zeilen zu lesen, was sich alles in Ihnen abgespielt haben mag, mehr als man je in Worte fassen kann. Danke, daß Sie mich teilnehmen lassen an diesem Weg! Möge Gott das gute Werk vollenden, das er an und in Ihnen in diesen Wochen neu begonnen hat!

In herzlicher Verbundenheit!

Lieber Herr ...!

Vielen Dank für Ihren ausführlichen Brief, den ich in aller Ruhe während einer langen Bahnfahrt lesen konnte.

Sie haben sich mit einer Gruppe auf diesen Briefkurs eingelassen. Es ist für mich persönlich unersetzlich wichtig, wieder einmal ganz klar damit konfrontiert zu werden, wie solche Meditationsangebote auf „Normalverbraucher" ohne besondere Vor-Bereitung wirken können, gerade wenn Sie mir manche Fragen und manches Unverständnis übermitteln. Es ist völlig normal, daß bei Meditationen in einer Gruppe sehr unterschiedliche Erfahrungen gemacht und ausgesprochen werden. Das liegt in der Freiheit des einzelnen begründet – und ein Leiter darf sich dadurch nicht irritieren lassen. Haben Sie ganz herzlichen Dank für die Ausführlichkeit Ihrer Berichterstattung ...

Entscheidend wichtig ist, daß Sie sich selbst auf diesen Weg eingelassen haben, den Sie mit Ihrer Gruppe gehen möchten. Die Vermittlung meditativer Inhalte geschieht viel mehr auf der nonverbalen Ebene als durch Worte. Ich erlebe es oft, wie schwer es gerade für Menschen im geistlichen Dienst ist, einen solchen Weg neben allen Gemeindeanforderungen durchzuhalten. Und ich weiß auch, daß es oft gerade für „Geistliche" nicht einfach ist, über sich selbst zu sprechen ... Umso mehr freue ich mich, wie tief Sie selbst in den Prozeß eingestiegen sind! Denn wenn der Leiter einer Gruppe selbst Hemmungen hat, über sein geistliches Leben zu sprechen, über seine eigenen Erfahrungen, Fragen und Nöte – dann wird es schwer sein, Meditation für andere anzubieten. Wer nur „um der Gruppe willen" Meditation anbietet, würde nicht weit kommen.

Und weiter halte ich es für entscheidend wichtig, einer Gruppe die Freiheit zu lassen, daß nur diejenigen teilnehmen, die ein echtes Bedürfnis nach Stille und Selbstbesinnung haben. Deshalb habe ich im ersten Fragebogen so dringend die Frage nach der inneren Motivation der Briefkursteilnehmer gestellt. Dieser erste Rückfragebogen war die entscheidende Weichenstellung des ganzen weiteren Weges ...

Ich habe da so einige schwere Erfahrungen hinter mir: Kaum etwas ist schlimmer für mich, als zum Meditieren in Gruppen eingeladen zu werden, wo ein „Leitungsteam" beschlossen hat, das wäre jetzt „gut" für die Gruppe. Ich habe jahrelang versucht, zuzusagen und das Beste daraus zu machen – und ich bin jetzt an dem Punkt, daß ich solche Anfragen ablehne. Es **kann** nicht gutgehen! Ich kann zwar einer Gemeinde, die gerade an etwas ganz anderem interessiert ist, eine meditative Predigt zumuten, die sie über sich ergehen lassen muß und die sie hoffentlich ein Stück in die Meditation einbezieht – aber ich kann keinen Menschen aus missionarischem Eifer zum eigenen Meditieren überreden, wenn er nicht von sich aus das Bedürfnis und den klaren Willen dazu hat ... Ich muß das einmal so ausführlich schreiben, weil es nicht überall so gutgeht wie bei Ihnen ...

... Unsere Briefe haben sich gekreuzt. Und wieder danke ich Ihnen für die ausführliche Mitteilung, wie die Gruppe reagiert hat. Ich arbeite eigentlich nur in ökumenischen Gruppen, so daß es für mich immer neu wichtig ist, zu erfahren, wie rein evangelische Gruppen reagieren.

... Darüber, daß man das Wort Röm 8,28 nur für sich persönlich annehmen, nicht als allgemeine Maxime hinstellen kann, habe ich in meinen beiden letzten Büchern so ausführlich gesprochen, daß ich mich nicht ständig wiederholen möchte. Aber gerade bei solch einem Thema muß das wohl immer neu gesagt werden.

... Das Wort von der schwer verdaulichen Kost, die uns gerade nährt, finde ich recht hilfreich – und es deutet auch an, wie es mir mit Ihren Briefen geht. Vieles, was mir bisher mehr unbewußt deutlich war, wird mir gerade durch Ihr ausführliches und so ehrliches Schreiben jetzt viel deutlicher. Danke!

... Was Sie schreiben, macht mich für Sie innerlich irgendwie froh: Ich spüre, wie ehrlich Sie sich auf diesen Prozeß einlassen – und bin fest überzeugt, daß das ein Stück inneres Wachstum bedeutet, wenn ich auch keine einzelnen Indizien nennen mag – die werden Sie am besten selbst spüren. Und das Schreiben ist ja vor allem für Sie selbst wichtig. In solcher Reflexion wird man sich über manches klar – was einem dann hilft, auch bei anderen klarer zu sehen. So erscheint mir immer das Schreiben der Teilnehmer/innen selbst viel wichtiger als meine Antwort darauf, die ja kaum mehr als „Stückwerk" bleiben muß.

... Ihren guten, ausführlichen Brief kann ich nicht unbeantwortet lassen. Herzlichen Dank, wie Sie sich einsetzen und in die ganze Sache eingestiegen sind. Die Gruppe scheint sich doch sehr intensiv auf dieses neue Geschehen einzulassen und eingelassen zu haben. Zu Beginn ist man als Anfänger leicht dadurch irritiert, daß unterschiedliche Meditationen bei den Teilnehmer/innen so unterschiedlich ankommen. Aber das ist selbstverständlich, das muß sogar so sein. Und fruchtbar sind ja nicht nur die sogenannten „gelungenen" Meditationen, sondern ebenso diejenigen, welche Fragen offenlegen, die bisher vielleicht nicht klar gesehen worden sind. Jedenfalls habe ich von Brief zu Brief bei Ihrem Gruppenbericht ein immer besseres Gefühl bekommen über das, was sich da – in der Ferne für mich – abspielte.

Und Sie selbst sind ja wahrhaft an allerletzte und tiefste

Fragen gestoßen, die ich natürlich nicht „objektiv" beantworten kann.

So grüße ich Sie in herzlicher Verbundenheit und bitte Sie, auch Ihre Gruppe herzlich von mir zu grüßen!

Liebe Frau ...!

... Ich weiß, daß es Überforderungen gibt im Blick auf das eigene Leben und die Vergangenheit. Manchmal gibt es sogar die Flucht als eine notwendige Schutzhülle, die uns zu überleben gestattet. Allerdings gibt es auch eine Flucht, die aus Angst geschieht – und ein ständiges Auf-der-Flucht-Sein läßt uns nicht den Raum zum wahren Leben. Gott zeige Ihnen das, was für Sie jetzt richtig und dran ist – aber haben Sie bitte auch keine Angst, etwas falsch zu machen. Echte Fehler, die wir begehen, dürfen wir immer wieder gutmachen, wenn die Zeit dafür reif ist. Das ist ein Stück der unbegreiflichen Liebe unseres Gottes!

Die Rückbesinnung auf das eigene Leben kann zur Vertiefung des Glaubens führen – weil ich damit als der konkrete Mensch, der ich wirklich bin, vor Gott stehe. Aber natürlich nur, wenn ich mich wirklich ohne Angst vor Gott einbringen kann. Aber auch hier steht die andere Möglichkeit daneben: Daß ich einfach auf Gott schaue und in diesem Schauen mich selbst loslasse – und merkwürdigerweise wird auch auf diesem Wege ein Stück Selbsterfahrung geschehen – fast unmerklich, aber sehr in die Tiefe gehend ...

... Und noch etwas: Ja, das Kreuz ist in der Erde verankert! Also auch Ihr Kreuz in Ihrem eigenen Leben ...

... Ihre Frage steht noch vor mir: Wie kann es nach acht Jahren noch zu solchen körperlichen Reaktionen kommen? Ich denke, hier liegt eine der echten Heilungsmöglichkeiten der Meditation: Indem ich etwas ans Licht kommen lasse mit seinen körperlichen Begleiterscheinungen, kann es heil werden – wie eine Wunde, an die ich Luft heranlassen muß, damit sie heil wird. Ich sehe hier eine der vielen Heilungsmöglichkeiten, welche die menschliche Seele in sich trägt. Was Sie erlebt haben, scheint mir verwandt zu sein mit den

Erfahrungen vieler Generationen von Christen, wie heilsam und heilend echtes Weinen sein kann: Man sprach früher gern von der „Gabe der Tränen".

Ich grüße Sie herzlich und wünsche Ihnen ein frohes, gesegnetes Pfingsten!

Liebe Frau ...!
Herzlichen Dank für Ihren Bericht – mit allem, was da so offen ans Licht kommt! Mir fiel beim Lesen zweierlei spontan ein:

– Sie sprachen von der Fülle, die Sie nicht zur Tiefe kommen läßt. Fällt es Ihnen im Leben auch sonst etwa schwer, sich auf weniger zu beschränken – um das intensiver zu erleben? *„Weniger ist mehr als viel"* – mindestens beim Meditieren, aber oft auch sonst im Leben. Bitte stellen Sie sich unter keinen Leistungsdruck – weder was die Fülle noch was die Tiefe anbelangt. Tiefe ist und bleibt immer ein freies Geschenk Gottes – und solche Geschenke können wir hindern, wenn wir zu sehr danach streben.

– Und was Sie von Ihren Dunkelheiten schreiben, läßt mich vermuten, daß diese sogar sehr eng mit dem Kreuzesgeschehen, mit Getsemani zusammenhängen. Vielleicht ist Ihre innere Dunkelheit gerade das Einswerden mit dem leidenden Jesus? Ich weiß es nicht – aber es ist möglich! Fragen Sie ihn selbst danach ...

So grüße ich Sie in herzlicher Verbundenheit!

Liebe Frau ...!
Nun habe ich eben noch einmal voll Dankbarkeit Ihre gesamten Berichte gelesen – ich hoffe, Sie danken Gott auch für so vieles, was er Ihnen geschenkt hat.

Eine Frage von Ihnen steht noch besonders vor mir: *„Immer wieder sind in mir Ängste, Gott mit meiner menschlichen Sehnsucht zu mißbrauchen."* Wovor haben Sie eigentlich solche Angst? Jede Sehnsucht ist doch letztlich Sehnsucht nach Gott, auch wenn wir es nicht wahrnehmen. Und im Laufe unseres Lebens läutern sich auch unsere Sehnsüchte zu immer größerer Lauterkeit – aber eben nur, wenn wir sie zulassen und nicht verdrängen. Zwei Bibelstellen kommen mir da in den Sinn: An einer Stelle schreibt Paulus: *„Wenn nur Christus verkündet wird – es sei zum Vorwand oder in Wahrheit, so freue ich mich doch darüber"* (Phil 1,18). So großzügig kann er denken! Und im Römerbrief steht das Wort: *Gott liebte uns schon, als wir noch Sünder waren (mit unserer Sünde!) – wieviel mehr wird er uns nun lieben!* (Röm 5,6.9)

Und noch etwas anderes geht mir nach, was Sie von „Ihrem" Traum schreiben. Ich bin kein Traumdeuter – aber ich würde an Ihrer Stelle solch einen wiederkehrenden Traum einfach weiter meditieren: Ich würde mir das zu kleine Kind in mir lebendig vorstellen und zu ihm hin viel Nahrung strömen lassen, damit es wachsen kann ... Oder ich würde das Kind in mir einmal fragen: Wer bist du? Weshalb bist du so klein? – und mich dann auf einen anderen Stuhl setzen und eine Antwort spontan kommen lassen ... Vielleicht wird Ihnen beim Verweilen bei diesem Bild einiges einfallen, was zu solch einem Traumbild führt. Aber hier greife ich wohl in fremdes Gebiet über – das wäre sicher ein Thema für die Psychotherapie ...

So grüße ich Sie in herzlicher Verbundenheit und wünsche Ihnen noch eine gesegnete österliche Freudenzeit!

Liebe Frau ...!
Danke für Ihre erste Rückmeldung.

Wenn Sie einmal nicht zur Ruhe finden können, ist das normal. Gedankenlosigkeit, vollkommene innere Leere, ist ein Geschenk, das uns augenblicksweise vielleicht einmal gemacht wird. Wir können nur an der Schwelle stehen und achtsam sein, wenn es uns gegeben wird – und dann in dieser Stille bleiben. Ein Weg dazu kann ruhiges Atmen sein, dabei können Sie Ihre Atemzüge (das Ausatmen) einfach immer wieder zählen von eins bis zehn, dann neu beginnen ... – oder: Sie stellen sich vor, durch die Arme und Fingerspitzen auszuatmen ... Sie können den Atem auch mit einem kurzen Wort verbinden und es immer gleichmäßig wiederholen ... Probieren Sie selbst, was Ihnen zur Stille hilft.

... Eine Gefahr ist es, Gedankenlosigkeit unbedingt erreichen oder erzwingen zu wollen – mir scheint, es ist das beste Mittel, um nicht zur Ruhe zu finden!

... Haben Sie ganz herzlichen Dank für Ihren letzten offenen, vertrauenden Brief. Was Sie mir schreiben, läßt mich sehr still werden – sagen läßt sich dazu nichts. Aber ich weiß aus eigener Erfahrung, wie tief solche Wunden sitzen können. Mögen Sie innerlich darüber still werden können – und so daran wachsen und reifen. Wie kostbar Tränen sind, brauche ich Ihnen wohl nicht zu sagen, es scheint mir, Sie wissen darum – ebenso wie darum, daß Tränen ein Geschenk sind, das man nicht erzwingen kann ...

... Ich habe nun Ihre Auswertung der dritten Woche vor mir und möchte Ihnen dazu nur eines sagen: Ich finde es so gut, wie Sie selbst sich durch das, was Sie erleben und erfahren, auf einen Weg bringen lassen – ich kann nur wünschen, daß Sie da dran bleiben.

Ja, es ist ein Unterschied zwischen dem meditativen Erleben und dem, was man im Kopf lernt und zu verstehen sucht. Aber es kann mit der Zeit dahin kommen, daß sich diese beiden Pole nicht gegenseitig hindern, sondern fördern – auch das ist solch eine Polarität, die in der Kreuzstruktur gegeben ist. Aber das kann man nicht erzwingen, sondern ich kann nur den meditativen Pol in mir stärken und wachsen lassen – und dann erlebe ich vielleicht eines Tages, wie er sich auch auf andere Bereiche auswirkt. Ich denke aber auch, daß es nur in dieser Richtung geht, nicht umgekehrt!

... Und dann rate ich Ihnen sehr, die persönliche Zeit der täglichen Stille, die Ihnen so gutgetan hat, beizubehalten. Schenken Sie einfach diese Zeit Gott – und fragen Sie ihn, was er sich von Ihnen wünscht. Vielleicht nichts anderes, als still vor ihm dazusein.

So grüße ich Sie in herzlicher Verbundenheit!

Abschlußbrief
an die Gesamtgruppe

Liebe Kursteilnehmer/innen!

Jetzt habe ich eine Fülle von Rückantworten in der Hand – und damit eine solide Grundlage, um Ihnen allen persönlich zu schreiben.

Zuerst einmal einen Gruß von einer Teilnehmerin, die schreibt, am liebsten möchte sie alle grüßen! Ich gebe es weiter. Und eine andere schrieb mir, daß sie täglich die Namen im Gebet vor Gott bringt. Wir danken ihr dafür und allen, die das gleiche tun …

Aus der Fülle der Rückmeldungen zu den einzelnen Meditationen habe ich weitergegeben, was mir geschrieben wurde, ohne zu beurteilen – so wie wir das auch bei meditativem Austausch in der Gruppe tun. Was ein jeder erlebt hat, ist kostbar – hier gelten die Kategorien richtig oder falsch nicht! Ich möchte Ihnen allen von Herzen danken für den gemeinsamen Weg. Wie oft habe ich tiefbewegt vor Ihren Mitteilungen gesessen – bewegt davon, was da an innerer Dynamik ans Licht gekommen ist. Bei den meisten von Ihnen war aus den kurzen Rückmeldungen deutlich herauszuspüren, daß da eine innere Bewegung in Gang gekommen ist, trotz der kurzen Zeit.

Für mich ist es immer wieder unfaßbar, was Gott alles für Möglichkeiten mit uns hat, wenn wir uns nur ein wenig Zeit nehmen, in der wir uns ihm anvertrauen. Teresa von Avila konnte sagen: *„Versprich mir eine Viertelstunde inneres Gebet am Tage – und ich verspreche dir die ewige Seligkeit."*

Denn das ist mir erneut deutlich geworden, obwohl ich es schon lange weiß: Nicht, was *ich* geschrieben habe, war das Entscheidende, sondern was *jeder selbst* daraus gemacht hat, wie er damit umgegangen ist. Danke, daß Sie sich auf diesen je eigenen Prozeß so eingelassen haben.

Nun wird sehr viel darauf ankommen, daß Sie dem noch einmal nachspüren, was für Sie in dieser Zeit besonders wichtig geworden ist; daß Sie selbst noch einmal den Gesamtkurs an Ihrem inneren Auge vorüberziehen lassen – mit allen Erfahrungen und Erkenntnissen. Sie sollten Ihre Aufzeichnungen noch einmal im Zusammenhang lesen – und dabei besonders beachten, wo vielleicht eine innere Bewegung angestoßen wurde und in Gang gekommen ist. Es ist entscheidend, dieser Bewegung Raum zu geben, so daß sie weiterwirken und sich weiter entfalten kann. Nur so können Sie das Geschehene wirklich mit sich nehmen in Ihr weiteres Leben. Denn nur zu schnell gehen kostbare Erfahrungen verloren, weil wir nicht dranbleiben.

Stellen Sie sich die Fragen: „Was ist bei mir durch diesen Briefkurs geschehen? Was wünsche ich mir als bleibende Wirkung? Und was kann ich selbst dazu tun?" Lassen Sie sich dazu vom Herrn, der Sie liebt, wie Sie sind, in dieser Liebe anschauen …

Jedenfalls noch einmal: Ganz herzlichen Dank für alles Mittun und Mitteilen – mir selbst ist alles sehr wichtig geworden, was jeder einzelne geschrieben hat – und vielleicht war auch für manchen anderen vieles hilfreich. Für eine weitere Version dieses Kurses werde ich gewiß aufgrund Ihrer Voten alles noch einmal genau überarbeiten und darüber beten.

Zum Ende dieses Kurses möchte ich noch ein paar persönliche Zeilen an jeden zufügen, dessen Rückmeldungen ich inzwischen vollständig in der Hand habe. Vielleicht interessiert es Sie zu erfahren, wie ich aus der Ferne Ihren Weg miterlebt habe.

Seien Sie alle herzlich gegrüßt von Ihrer

Karin Johne

Rückblickende Beurteilung
des Kurses
durch die Teilnehmer/innen

WICHTIGE ERFAHRUNGEN IM VERLAUF
DIESES BRIEFKURSES:

- Wichtig waren für mich die vielfältigen Möglichkeiten, mit Gott in Kontakt zu kommen ...
- Mir wurde deutlich, daß die Ansprechbarkeit durch die einzelnen Übungen viel mehr mit mir selbst als mit der Meditation zu tun hat ...
- Wichtig ist es immer neu geworden, nicht auszuweichen, sondern mich einzulassen ...
- Mir wurde wichtig, wie ich über scheinbar „einfache" Meditationen immer wieder zu meinen Lebensfragen geführt werde und Antworten erhalte ...
- Wichtig war für mich das Herausfinden des „liturgischen Rahmens", daß mir fast jeden Tag etwas einfiel, was ich direkt aus Gottes Schatz, als von seinem Geist gewirkt, annehmen konnte ...
- Besonders hilfreich war für mich das Nachspüren von Bildern ...
- Mein Bedürfnis kam zu seinem Recht, zu wiederholen und dabei eigene Formen (leiblich) zu finden ...
- Das Kreuz des Auferstandenen ermöglicht erst den Übergang vom Tod zum Leben, zum ewigen Leben. Meine Zeit und mein Leben liegen in Gottes Händen von Anfang an bis in die fernste Zukunft, bis in Ewigkeit ...
- Wenn eine Meditation nicht so gelingt, kann ich warten, ich bin nicht mehr so niedergeschlagen und ungeduldig ...

– Das versuche ich schon lange: mich loszulassen, mich Ihm ganz zu überlassen! Doch ich *will* immer Ganzes, die *bleibende* Spannung jedoch zu bejahen, *das* ist wichtig! ...

– Einige Male war ich sehr bewegt, als würde ich gesprengt ...

– An einem Abend habe ich das erstemal richtig weinen können ...

– Ich habe gemerkt, wie eine „tote" Beziehung zu einem bestimmten Menschen ihre Kreise zieht und mich auch ansonsten nicht froh werden läßt. Verwandlung des Todes in qualitativ neues Leben, das hat auch mit den Beziehungen zu Menschen zu tun! ...

– Wer mit dem Tod umgehen kann, lebt bewußter ...

– Ich danke Ihnen, daß Sie sich die Mühe gemacht haben, die Gedanken der Briefkursteilnehmer/innen zu sammeln. Darin finde ich viele bereichernde Aspekte, und die Zusammenschau macht die Wirklichkeit des Glaubens erst bunt ...

ABSCHLUSSVOTEN:

– Die Meditationszeiten waren sehr bereichernd für mich, ich werde versuchen, immer wieder Zeiten der Stille einzulegen ...

– Ich bin sehr froh über die vier Wochen Meditationszeit, war ich doch – neben dem Thema – jeden Abend gezwungen, still zu werden und all meine verdrängten Gedanken und Schmerzen ... zuzulassen. So habe ich langsam Abstand von manchem gewonnen ...

– Haben Sie noch einmal recht herzlichen Dank für diesen Briefkurs. Obwohl es bei mir zwischendurch recht „trocken", teilweise sogar chaotisch zuging, hat bei mir etwas Neues begonnen. Es ist, als wenn eine Mauer eingefallen wäre. Ich kann diese Worte von Meister

Eckehart nachsprechen: „Mein geliebter Gott." Meine Sehnsucht hat einen Namen bekommen ...

- Was soll ich anfangen, um meine Dankbarkeit für den Kurs zu beschreiben? Es bewegt mich, daß Sie schreiben: „Voll Dankbarkeit!" Dieses Ernstgenommensein ist immer wieder eine umwerfende Erfahrung für mich, in jeder Beziehung, und so kann ich es denn auch von Gott her glauben ... – Ist da nicht wirklich viel passiert? Und das ist nicht meine Leistung, darum wage ich es zu sagen.

- Mir bleibt nichts weiter als ein herzliches „Danke"; die damit verbundenen Gefühle lassen sich nicht wiedergeben. Sprachlosigkeit und innere Freude, doch auch Verunsicherung, Hilflosigkeit ...

- Der Briefkurs war für mich eine sehr gute Grundlage, das Ostergeheimnis in einer vertieften Dimension zu erleben. Ich durfte das Osterfest in einer christlichen Gemeinschaft ganz intensiv feiern – das war für mich der krönende Abschluß des Briefkurses, weil wir dort auch zum Thema Kreuz und Erlösung in vielfältiger Weise miteinander ins Gespräch kamen ...

- Der Meditationskurs war ein gutes und neues Stück geistlicher Erfahrung. Die Bereicherung durch diese Wochen war allzu spürbar ...

- Dieser jetzige Kurs ist so lebensnah wie keiner der vorigen, ohne werten zu wollen ... Durch die Lebensnähe gilt auch die Lebenshilfe durch das Kreuzbild. – Das Kreuzesbild dieser Wochen hat geordnet und geklärt. Ich bin sehr dankbar dafür ...

- Der Briefkurs war für mich etwas, für das ich schwer Worte finde, sie sind alle zu flach. Das Gehen von Tag zu Tag hat mich befruchtet und bereichert und den Wunsch und die Sehnsucht nach Gott verstärkt. Danke, von Herzen! ...

- Am fruchtbarsten waren die Tage von Karfreitag bis Ostermontag. *Ein* Erlebnis stellte alles andere in den Schatten: Mir wurde urplötzlich die Bedeutung des

„Jesus in uns" bewußt. Man sucht Christus eigentlich immer außerhalb, aber sich ihn in mir vorzustellen ... das war überwältigend. Ich hatte das Gefühl, mit Christus in mir einfach alles vollbringen zu können, alle Furcht und Angst waren verschwunden, ich war ganz einfach von innen heraus froh. Ich dachte, dies bleibt – aber nun hat mich der Alltagsstreß wieder – und die Bilder verblassen. Mir ist noch nicht annähernd wieder gelungen, so eine Situation zu erleben ...

- Für mich sind die drei Tage im Grab wichtig geworden. Früher stand am Karfreitag immer nur das Sterben im Vordergrund ...

- Der Briefkurs ist mir eine große Hilfe, Zugang zum Kreuz zu bekommen. Heute, in der Messe, habe ich nach der gestrigen Meditation das Wort „Geheimnis des Glaubens" ganz anders hören können (Geheimnis nicht mehr im Sinne von unverständlich, sondern *unbegreiflich, wunderbar*) ...

- Im Gebet habe ich die Unterscheidung gelernt zwischen dem, was wirklich wichtig ist für mein Leben, und dem, was nicht notwendig ist (Luxus). Gott, hab Dank, daß das, was du in und für mein Leben für lebenswert hältst, auch durch den Tod nicht begrenzt ist ...

- Ich möchte Gott danken für alles, was er tat, bis dieser Kurs zustande kam. Die Teilnahme daran hat mir in vieler Hinsicht die Augen geöffnet, so daß es mir in diesem Jahr *mein* Karfreitag und *mein* Auferstehungsfest wurde ...

- Wie geht es nun weiter? Da ist natürlich etwas Traurigkeit darüber, daß dieser gemeinsame Weg nun zu Ende geht. – Ich will es auch mit anderen Ikonen versuchen, dazwischen aber auch wieder biblische Texte für die stille Zeit suchen und bedenken. Auch dabei werden mir die Erfahrungen des Briefkurses helfen – denke ich. Der Briefkurs war für mich eine Bereicherung, ich denke, daß ich lange davon zehren kann ...

Ausführliches Inhaltsverzeichnis zum Teil 2

Briefwechsel und Auswertungen des Briefkurses

ANMERKUNGEN

1 Karin Johne, Geistlicher Übungsweg für den Alltag, Berlin und Graz 1986 bzw. 1987, 3. Aufl. Graz 1993.

2 Mir ist eine Vorlage bekannt vom Seelsorgeamt in Salzburg und von St. Peter am Perlach in Augsburg.

3 Wer mit diesen beiden Vokabeln nichts anfangen kann, für den sind sie unwichtig. Ich verwende sie nur, weil diese Dinge uns nun auch im Osten Deutschlands zu überschwemmen beginnen und wir eine klare Haltung demgegenüber brauchen, was uns da an Gutem, aber auch an Gefährlichem angeboten wird.

4 Vgl. Karin Johne, Geistlicher Übungsweg für den Alltag.

5 Joseph Gülden (Hrsg.), Lehre uns beten, Leipzig 1958.

6 Karin Johne, Einübung in christliche Mystik. Ein Kursus mit Meister Eckehart, Graz 1991. Dort werden in der ersten Übungswoche diese Grundhaltungen des Betens eingeübt.

7 „Teufel" kommt sprachlich von „diabolos" und heißt: der „Durcheinanderbringer".

8 Deshalb erwartet der Mönchsvater Benedikt von seinen Mönchen, daß sie ihre dunklen Gedanken dem Abt offenbaren – von dem wiederum zu erwarten ist, daß er die „discretio", die Gabe der Unterscheidung der Geister, besitzt.

9 Während unserer Briefkurse konnte der briefliche Austausch, der durch die Rückmeldungen zustande kam, in einigen Fällen ein Stück geistliche Begleitung ersetzen.

10 Nach der neuen Ordnung heißt es im Gabengebet für den zweiten Sonntag im Jahreskreis: „Herr, gib, daß wir das Geheimnis des Altares ehrfürchtig feiern; denn sooft wir die Gedächtnisfeier dieses Opfers begehen, vollzieht sich an uns das Werk der Erlösung."

11 C. G. Jung hat diesen Begriff geschaffen, um damit eine Wirklichkeit aufzuzeigen, die allen Menschen (aller Völker, Zeiten und Kulturen) gemeinsam ist. Man hat die Entdeckung des „Kollektiven Unbewußten", in dem die Archetypen leben, als eine der größten modernen Entdeckungen unseres Jahrhunderts bezeichnet.

12 Vgl. Anm. 5. In meinem Buch „Einübung in christliche Mystik" werden in der ersten Übungswoche diese Grundhaltungen des Betens eingeübt.

13 Ich kann das Kreuz in meiner Vorstellung und meinem Gebet auch auf die Weltgeschichte legen, auf Vergangenheit und Zukunft, auf Höhen und tiefste Abgründe ...

14 Vgl. dazu: Anselm Grün, Meditation des Kreuzes, in: Erbe und Auftrag, 1978, S. 56ff.

187

15 Wer nach mehreren Versuchen noch immer keinen Zugang findet, kann diese Übungswoche auch auslassen und gleich mit der nächsten Woche fortfahren.

16 Paul Tillich, Systematische Theologie, Bd. 3.

17 Es gibt eine Theorie, daß eine Blüte ihre Form ursprünglich daher bestimmt, daß sie von der Sonne abhängig und auf diese ausgerichtet ist: Friedrich Popitz, Geist, Leben und Arzttum, Heidelberg 1967.

18 Vielleicht kommt uns in der Meditation die Erinnerung an die Betrachtung des „Erdbalkens" in der zweiten Woche wieder. Meditation lebt von der Wiederholung: *„Der Verstand will immer etwas Neues, das Herz will immer das gleiche"*, sagt ein Mönchsvater.

19 Weshalb der Todesbaum rechts und der Lebensbaum links steht, weiß ich nicht – vielleicht finden Sie eine Antwort darauf …

20 Meister Eckehart, Deutsche Predigten und Traktate, München 1979 (Diogenes-Taschenbuch 202), S. 437.

21 Ich biete Ihnen meine Gedanken dazu an – Sie können sie übernehmen und weiterführen oder auch ablehnen und klar Ihre Meinung entgegensetzen.

22 Möglichkeiten solcher Szenen wären z. B. Mt 3,13–17: Die Taufe Jesu – Mt 4,1–11: Die Versuchung Jesu – Mt 8,19–20: Die Heimatlosigkeit Jesu – Lk 22,39–45: Getsemani.

23 Ich möchte einen Gedanken des Apostels Paulus auf unseren Zusammenhang übertragen. Er sagt: *„Gibt es keine Auferstehung der Toten, so ist auch Christus nicht auferstanden"* (1 Kor 15,13). Wenn ich diesen Gedanken ernst nehme, dann kann ich parallel dazu sagen: Wenn der Mensch nicht prinzipiell „gottfähig" wäre, dann könnte auch Christus nicht „wahrer Gott" sein. Er ist das, was dem Menschen prinzipiell möglich ist, in einer einzigartig vollkommenen Weise, die keinem anderen Menschen sonst zukommt.

24 Ich vergesse dabei nicht, daß mich Gott längst so sieht, wie ich mich vielleicht im Augenblick neu wahrnehme – und daß er mich *so* geliebt hat, *so* liebt und *so* lieben wird, wie ich *bin* – und daß gerade und nur im Raum dieses Angenommenseins Änderungen geschehen können!

25 Dostojewski nimmt diese Frage in seinem „Großinquisitor" auf und zeigt, daß die Kirche dieser Versuchung durchaus nicht immer *widerstanden* hat! Das gleiche geschieht öfter, als wir meinen, auch im kleinen, wo Eltern ihre Macht ausnützen, um ihre Kinder im christlichen Sinne zu „erziehen".

26 Erich Fromm spricht vom „Todesdrang", der im Menschen ruht.

27 Damals hatte ich mich gerade ein wenig mit der tiefenpsychologischen Schriftdeutung befaßt. Diese geht davon aus, daß alles Geschehen in der Bibel zu einem Spiegelbild werden kann, in dem ich etwas

von mir selbst und von meinem eigenen Erleben wiederfinde – ja, das ich vielleicht gerade durch das spiegelnde Bild überhaupt erst entdecke.

28 Kreuzweg in der katholischen Kapelle von Oberbärenburg im östlichen Erzgebirge.

29 Vgl. dazu: Karin Johne, Wege zum Wesentlichen, Freiburg 1992.

30 Vielen von uns sind die Kreuzesdarstellungen so vertraut, daß wir eine Zeit brauchen, um durch den „Gewöhnungseffekt" hindurchzudringen – zu schauen, als sähe ich dieses Bild zum ersten Mal.

31 Vgl. dazu: Anselm Grün, Der Umgang mit dem Bösen, Münsterschwarzach 1980.

32 Meister Eckehart, Deutsche Predigten und Traktate, S. 425.

33 Angelus Silesius, Cherubinischer Wandersmann I, Olten 1976, S. 61 bis 63.

34 Siehe Anm. 1.

35 So fanden z. B. bei einer Metaphermeditation über „Glaube ist für mich wie ..." Jugendliche folgende Metaphern (= bildhafte Vergleiche):
   – eine Leiter mit einigen morschen Sprossen, aber ich kann sie trotzdem besteigen ...
   – eine Fähre über die Elbe, sie bringt mich sicher ans andere Ufer ...
   – ein Apfel, der etwas madig ist, aber er schmeckt trotzdem noch gut ...

36 Siehe dazu die Mitteilungen auf S. 125ff.

37 Ich habe mich auf einige der Übungen beschränkt und die Erfahrungen damit möglichst umfassend wiedergegeben, weil ich meine, daß das einen besseren Einblick gibt in die Bandbreite möglicher Ergebnisse, als wenn ich noch mehr Übungsangebote genommen hätte und dann stärker hätte auswählen müssen (und auch subjektiver), was ich von den Antworten weitergebe.

38 Die Erfahrungen zu dem Bild waren sehr unterschiedlich. Ich habe deshalb diese ganze Übungseinheit neu gestaltet und will Ihnen hier nur einige Rückantworten mitteilen, die Sie vielleicht beim eigenen Meditieren anregen können.

39 Vgl. Anm. 20.

KARIN JOHNE

Geboren 1928 in Leipzig, Studium der evangelischen Theologie
in Leipzig und Rostock. Sie ist verheiratet und Mutter
von fünf Kindern. Seit 1975 in der ökumenischen Meditations-
und Exerzitienarbeit der Sächsischen Landeskirche tätig.
Leitung von Kursen und Begleitung von Einzelexerzitien.

Werke bei Styria:

Geistlicher Übungsweg für den Alltag. Ein Kursangebot
(3. Aufl. 1993).
Einübung in christliche Mystik.
Ein Kursus mit Meister Eckehart (1991).